20 Jahre
für die Umwelt

Umwelt und Zukunft.

PROMINENTE ANTWORTEN

Tanja Gönner (Hrsg.)

Liebe Leserinnen und Leser,

als das Umweltministerium des Landes vor 20 Jahren gegründet wurde, standen zwei Ereignisse im internationalen Fokus: die Reaktorkatastrophe von Tschernobyl und der Chemieunfall von Sandoz am Hochrhein. Sie lenkten den Blick zwangsläufig auf den Zustand unserer eigenen Umwelt: Müllprobleme, Waldsterben, Dioxinskandale, schlechte Luftqualität und verschmutzte Gewässer – auch im eigenen Land gab es viel zu tun. Durch eine gemeinsame Anstrengung aller – Wirtschaft, Gesellschaft, Behörden und Politik – gelangen seither bedeutende Verbesserungen in nahezu allen Umweltbereichen. Aber die erzielten Erfolge sind kein Grund, sich auszuruhen. Im Gegenteil: Neue, weitaus globalere Herausforderungen kündigen sich an und bedürfen rascher und wirkungsvoller Maßnahmen. Die Klimaerwärmung, eine gerechte Verteilung von Wasser und Ressourcen, eine umweltgerechte Energieversorgung, Wohlstand für alle ohne die Zerstörung der Ökosysteme, das sind die drängenden Themen, die uns alle in den kommenden Jahren beschäftigen werden. Das Land will hierzu seinen Beitrag leisten und wird deshalb mit allen gesellschaftlichen Gruppen eine Nachhaltigkeitsstrategie entwickeln, bei der von Anfang an ökonomische, soziale und ökologische Aspekte berücksichtigt werden. Erstmals soll damit die Nachhaltigkeit Handlungsmaxime für unser politisches und praktisches Handeln werden. Als geschäftsführendes Ressort übernimmt das Umweltministerium bei der Nachhaltigkeitsstrategie eine zentrale Rolle. Vor diesem Hintergrund freue ich mich darüber, dass in dieser Festschrift zum 20-jährigen Bestehen des Umweltministeriums Prominente aus vielen gesellschaftlichen Feldern ihre Standpunkte und Visionen zum Thema Umwelt und Zukunft formulieren. Die Beiträge machen deutlich: Umweltschutz ist ein zentrales Thema für unsere Gesellschaft und wird gruppenübergreifend als unverzichtbare Aufgabe angesehen. Dies ist ein guter Ansatz für einen umfassenden gesellschaftlichen Dialog, der mir sehr am Herzen liegt. Denn nur gemeinsam können wir erfolgreich das Morgen gestalten.

Günther H. Oettinger
Ministerpräsident des Landes Baden-Württemberg

„Nachhaltigkeit soll Handlungsmaxime für unser politisches und praktisches Handeln werden."

Zeichnungen: Friederike Groß

Inhaltsverzeichnis

In Baden-Württemberg nimmt das Umweltministerium seine Arbeit auf. Dr. Erwin Vetter wird erster Umweltminister des Landes

Erster Arbeitskreis „Gemeinsame Kommission Abfallwirtschaft" von Land, Kommunen und Wirtschaft

Kongress „Leben ohne Müll"

Start des Programms „Lachs 2000" der Internationalen Kommission zum Schutz des Rheins als Folge der Umweltkatastrophe von Sandoz

Gesellschaft

Astrid Anders ist eine von rund zehn Millionen Menschen, die in Baden-Württemberg leben. Als Durchschnittsbürgerin ist sie verheiratet und hat 1,4 Kinder. Vor 40 Jahren hätte ein Paar noch 2,1 Kinder gehabt. Die Folge: Bereits seit dem Jahr 2000 leben mehr Ältere als Jüngere im Land. Familie Anders hat im Jahr rund 20.000 Euro zur freien Verfügung – guter Durchschnitt. Denn 60 Prozent der Haushalte haben zwischen 10.000 und 30.000 Euro Haushaltseinkommen. Die Anders wohnen in einem Eigenheim, so wie fast die Hälfte aller Baden-Württemberger. Ein Drittel der Schulabgänger haben – wie Astrid Anders – mittlerweile Abitur: Das Bildungsniveau steigt. Das Ehepaar Anders fährt zwei Autos. Zwei von über sieben Millionen im Land.

Astrid Anders
Was geht mich das Thema Umwelt an?

Neulich hat mir ein Radiomoderator Umwelttipps geben wollen. Dabei steckte er in einer Zwickmühle: Er befürchtete, mir mit seinen Verzichtsappellen die Laune zu vermiesen. Ein Dilemma, das unseren Umweltalltag längst bestimmt. Natürlich fahre ich mit Kind und Kegel mit dem Auto auf die Alb zum Kletterparcours. Natürlich habe ich auch schon einen der mittlerweile so umstrittenen Billigflüge gemacht. So günstig wäre ich nie wieder nach Rom gekommen. Also versuche ich die Umweltsünden zu kompensieren und an anderer Stelle Vorbild zu sein: Ich fahre Rad in der Stadt, kaufe regionale Produkte oder lasse das Haus isolieren. Ich bemühe mich um meine eigene, positive Umweltbilanz. Dabei habe ich festgestellt, dass der Verzicht oft nur ein scheinbarer ist. Meinen Fahrstil habe ich bewusst geändert, ich schalte z. B. viel früher hoch, auch in Eile mache ich keinen Kavalierstart. Jetzt komme ich mit meiner Tankfüllung wesentlich weiter, bin nicht mehr so gestresst und der Umwelt ist gedient. „Gewinn durch bewusstes Verhalten" sozusagen. In der Familie haben wir uns einen Sport daraus gemacht, dieses Prinzip auf alle möglichen Lebensbereiche zu übertragen. Oft ist es einfach: Die Energiesparlampen sind schnell hineingeschraubt. Häufig aber ist es komplizierter. Bei der Urlaubsplanung etwa wollte mein Sohn nicht als Umweltheld in die Familiengeschichte eingehen und hat während der Debatte um die Besteuerung des Flugbenzins demonstrativ in den Reisekatalogen geblättert – und dann doch ein Urlaubsziel an der Nordsee auserkoren. Wehe, wir Eltern hätten dies unter Umweltgesichtspunkten vorgeschlagen! Am Ende passte doch alles unter einen Hut – auch wenn wir es gar nicht so sehr darauf angelegt hatten. Das Umweltgewissen war beruhigt – die eigenen Wünsche hatten wir dabei aber nicht aus den Augen verloren. Uns ist schon klar, dass wir nur einen kleinen Beitrag leisten können. Aber im Kleinen fängt es doch immer an.

Frauen

Ilse Artzt, Oberstudienrätin i. R., ist seit 2006 Erste Vorsitzende des Landesfrauenrats Baden-Württemberg. Seit 20 Jahren ist sie ehrenamtlich für den Deutschen Akademikerinnenbund tätig. Der Landesfrauenrat ist die politische Interessenvertretung von 2,5 Millionen Frauen im Land.

Gehen Frauen mit der Umwelt anders um?
Ilse Artzt

Frauen wird in Umfragen regelmäßig ein höheres Umweltbewusstsein als Männern attestiert. Woran könnte das liegen? Frauen haben einen sehr konkreten Zugang zur Thematik, weil es auch heute noch überwiegend Frauen sind, die den Alltag ihrer Familien organisieren. Sie interessieren sich für die Versorgung der Familie mit gesunden Lebensmitteln, sie wünschen sich ein giftfreies Zuhause und eine saubere Umgebung. Daher stellen sich die Frauen bewusst Fragen nach Herkunft und Produktion der Lebensmittel, nach möglichst unschädlichen Reinigungsmitteln, nach umweltgerechter Mülltrennung etc. Durch ihr Einkaufsverhalten tragen sie beispielsweise zur Erhöhung des Anteils biologisch und regional erzeugter Lebensmittel bei. Häufig legen sie ihre Alltagswege ohne Pkw zurück. Die nächste Generation wird durch das Vorbildverhalten der Frauen in den Familien geschult. Das sind alles viele kleine Schritte, aber nur durch die Veränderung unseres alltäglichen Verhaltens werden wir die großen Veränderungen im Umgang mit unseren Ressourcen und im Umweltschutz erreichen können. Frauen engagieren sich auch gerne für konkrete Projekte in ihrer unmittelbaren Umgebung. Hier lässt sich eine direkte Verbesserung der Lebensverhältnisse vor Ort erreichen. Zahllose Initiativen wären ohne die engagierten Frauen nicht denkbar, die sie tragen. Dass schonender Umgang mit Ressourcen überall auf der Welt ein Thema für Frauen ist und aus lokalem Engagement große Politik werden kann, zeigt das Manifest der Welt-Frauen-Umweltkonferenz in Nairobi 2004, in dem konkrete Forderungen zu Frauenrechten und Umweltschutz an die Weltgemeinschaft gestellt werden. Schade nur, dass das Engagement der Frauen sich auch hierzulande noch nicht in gleicher Teilhabe an den Entscheidungspositionen unseres Gemeinwesens auszahlt. Aber daran arbeiten wir!

„Frauen haben einen sehr konkreten Zugang zur Thematik, weil es auch heute noch ganz überwiegend Frauen sind, die den Alltag ihrer Familien organisieren."

Arbeit

Rainer Bliesener ist seit 1998 Vorsitzender des DGB-Bezirks Baden-Württemberg. Zuvor war er Geschäftsführer und Bezirksleiter der Gewerkschaft Holz und Kunststoff. Der gelernte Fernmeldetechniker ist Mitglied des SPD-Landesvorstands.

„Es geht um den vorsorgenden und nachhaltigen Umgang mit der »Ressource Humankapital«."

Gehört Nachhaltigkeit in den Tarifvertrag?
Rainer Bliesener

Nachhaltigkeitspolitik bedeutet, alle wichtigen Lebensbereiche einzubeziehen, das gilt insbesondere für die Arbeitswelt und ihre Gestaltung durch Tarifverträge. Wir müssen dabei an den Ursachen ansetzen und Problemlösungen für strukturelle Risiken abhängiger Arbeit entwickeln:

· Voraussetzungen für Erwerbstätigkeit bis ins Alter schaffen. Das heißt, die betriebliche Leistungspolitik muss so gestaltet werden, dass auch dauerhaft keine gesundheitsschädigende Überforderung eintritt
· Schaffung von altersgerechten Arbeitsplätzen
· Schaffung der qualifikatorischen Voraussetzungen: qualifizierte Ausbildung, Anspruch auf lebensbegleitende Weiterbildung
· Unterstützung des Konzepts „Gute Arbeit": humane Gestaltung von Arbeits- und Produktionskonzepten

· betrieblicher Gesundheits- und Umweltschutz als Gegenstand von Tarifpolitik in Ergänzung zu den gesetzlichen Vorgaben (Arbeitsschutzgesetz)
· stärkere Teilhabe der abhängig Beschäftigten an der Gestaltung der Arbeitsbedingungen (betriebliche Demokratie, Mitbestimmung)
· Beseitigung von Diskriminierung im Arbeitsleben, Gleichstellung der Geschlechter
· bessere Vereinbarkeit von Arbeit und Leben (außerhalb der Erwerbsarbeit), etwa durch eine am Lebensverlauf orientierte Politik der Arbeitszeitgestaltung

All diese und weitere Aspekte können unter dem Begriff der Nachhaltigkeit aufgegriffen werden. In betriebswirtschaftlichen Kategorien gesprochen, geht es um den vorsorgenden, nachhaltigen Umgang mit der „Ressource Humankapital".

Der Jurist Peter Boudgoust ist seit Mai 2007 Intendant des Südwestrundfunks in Stuttgart. Die Zweiländeranstalt (Baden-Württemberg und Rheinland-Pfalz) ist die zweitgrößte im ARD-Verbund. Boudgoust war zuvor Verwaltungsdirektor des SWR.

Eine Schlagzeile, gerne auch „Eyecatcher" oder „Headline" genannt, soll so viel wie möglich Aufmerksamkeit und Interesse des Zuschauers oder Zuhörers auf den nachfolgenden Beitrag lenken. Schlagzeilen im Umweltbereich – mir fallen sofort einige ein: der neue vorgelegte Bericht des UN-Klimarates zum Ausmaß des Treibhauseffektes, der Sturm Kyrill, der über Deutschland und Europa fegte, oder der Tsunami in Asien. Mit Nachrichtenbeiträgen und Sondersendungen sind wir als öffentlich-rechtliche Rundfunkanstalten unserem Informationsauftrag zu jedem dieser Geschehnisse nachgekommen. Wir konnten uns der Aufmerksamkeit unserer Zuschauer und Zuhörer sicher sein – aber leider nicht durch das Verbreiten von positiven Schlagzeilen. Aber wann macht denn das Positive Schlagzeilen? Nur wenn wir Weltmeister werden? Positives im Umweltbereich, das es bis in die Schlagzeilen geschafft hat – ich erinnere mich nicht. Kurz und knapp müsste ich die Fragestellung demnach mit einem „Ich weiß es nicht" beantworten. Doch wo bleibt denn da der Optimismus? Im Jahr 2020 zur besten Primetime nach der Tagesschau laufen auf allen Kanälen Sondersendungen. Erschüttert etwa eine Klimakatastrophe unseren Alltag? Nein, Baden-Württemberg ist in aller Munde. Denn die vom Umweltministerium gerade herausgegebene Langzeitstudie zeigt, dass es in den vergangenen fünf Jahren in der Region Stuttgart keine Überschreitung des Feinstaubgrenzwertes mehr gegeben hat. Im SWR-Fernsehen wird darauf hingewiesen, dass auch die unermüdliche Aufklärungsarbeit der Medien in Zusammenarbeit mit den Ländern zu einer deutlichen Sensibilisierung der Bevölkerung in Sachen Umweltschutz geführt hat. Ein weiterer Grund für die Abnahme der Gefährdung durch Feinstaub ist, dass in Baden-Württemberg erstmalig 95 Prozent aller zugelassenen Neufahrzeuge mit einem Hybrid- oder Wasserstoffmotor ausgestattet sind. Damit verbunden ist die erfreuliche Meldung, dass die nun schon seit 2007 geltenden Fahrverbote im ganzen Land aufgehoben wurden. Endlich macht das Positive Schlagzeilen!

Peter Boudgoust
Wann macht das Positive Schlagzeilen?

Die Landesregierung beschließt das bundesweit erste Konzept zur Behandlung von altlastenverdächtigen Flächen

Start des Integrierten Rhein-Programms zur Verbesserung des Hochwasserschutzes am Rhein

Um Nitratbelastungen im Grundwasser zu senken, tritt die Schutzgebiets- und Ausgleichsverordnung in Kraft

Als Konsequenz aus dem Unfall in Tschernobyl werden Notfallschutzmaßnahmen in den Kernkraftwerken eingeführt

Psyche

Prof. Dr. med. Reinmar du Bois ist ärztlicher Direktor der Klinik für Kinder- und Jugendpsychiatrie und Psychotherapie am Klinikum Stuttgart (Olgahospital). Du Bois ist Autor zahlreicher Monografien, u. a. „Kinderängste" oder „Jugendkrisen".

> „Was unsere Kinder von uns übernehmen sollten, ist die Art und Weise, wie man für die Zukunft Verantwortung übernimmt, nicht die Art und Weise, wie man sich vor ihr ängstigt."

Prof. Dr. Reinmar du Bois
Müssen unsere Kinder Angst um die Zukunft haben?

Angst in kleinen Dosen ist unser ständiger Begleiter. Er hilft uns, Gefahren zu erkennen, sich ihnen umsichtig zu nähern, eine Herausforderung zu meistern und uns einen Ruck zu geben. Angst ist Teil der psychischen Grundausstattung. Kinder ängstigen sich zunächst vor Trennungen und Verlusten, bald aber auch vor ihrer eigenen Wut und Zerstörungslust. Im jungen Schulalter lenken die Kinder ihre Aufmerksamkeit auf objektive Gefahren. Sie haben etwas „gehört" oder gesehen. Auf der Hitliste rangieren neben Einbrechern und Feuern inzwischen auch Umweltgefahren ganz oben. Nicht umsonst haben wir den Kindern beigebracht, nicht in der Sonne zu spielen, nur diesen Saft zu trinken und nicht jenen, giftfreie Filzstifte und Ökoprodukte zu kaufen. Im Jugendalter gehen die Kinder auf die Gegenseite – zum Risiko und zur Selbstgefährdung. Zwischen dem, was einzelne Menschen ängstigt, und dem was die Allgemeinheit ängstigt, besteht nur ein bedingter Zusammenhang. Zwischen dem, was die Fachwelt für beängstigend hält, und dem Grad allgemeiner Betroffenheit ist der Unterschied noch größer. Der geringste Zusammenhang besteht zwischen der wirklichen Stärke einer Gefahr und der mitten darin empfundenen Angst. Haben wir Angst vor der Zukunft? Wünschen wir den Kindern Angst? Alles hängt von uns ab. Wir sollten den Mund mit Behauptungen, wovor es sich „lohnt" Angst zu haben, nicht zu voll nehmen. Achten wir auf alle Gefahren, die wir zu kennen meinen, und passen unser Leben daran an. Unseren Kindern fällt dies ohnehin leichter als uns. Handeln wir mit Common Sense und nicht aus persönlicher Ängstlichkeit. Was unsere Kinder von uns übernehmen sollten, ist die Art und Weise, wie man für die Zukunft Verantwortung übernimmt, nicht die Art und Weise, wie man sich vor ihr ängstigt.

Pädagogik

Prof. Dr. Felix von Cube lehrt seit 1979 Pädagogik an der Universität in Heidelberg. International bekannt wurde er durch sein Buch „Fordern statt verwöhnen".

Prof. Dr. Felix von Cube
Wie bekommt man Lust an Zukunft?

Wir leben in einer freien, demokratischen Wohlstandsgesellschaft, wir haben die Herrschaft alter Ideologien – nationaler, kommunistischer, religiöser u. a. – überwunden, wir können selbst entscheiden, was wir essen, wen wir lieben, was wir glauben, wir können unser Leben selbst gestalten. Doch was ist das Resultat von Selbstbestimmung und Eigenverantwortung? Jeder zweite Bürger ist übergewichtig, jede dritte Ehe wird geschieden, Drogensucht nimmt zu, Gewalt in Schulen, Stadien, Familien eskaliert, Umweltzerstörung schreitet fort. Warum? Die Antwort scheint klar: Was macht der befreite Mensch? Er will seine Lust steigern, er will königlich speisen, sexuelle Lust maximieren, Abenteuer erleben, Rang und Ansehen genießen, er will „König" sein. Das Luststreben verleitet zum Fehlverhalten: Man isst zu viel und zu lecker, man will Sex und verliert Bindung, man will nach „oben" und erntet Isolation. Die Ansprüche wachsen, die Folgeschäden nehmen zu, die Umwelt geht kaputt. Kann man so Lust an Zukunft bekommen? Im Gegenteil: Angst greift um sich, gerade auch bei Jugendlichen. Hier muss man klar sehen. Am Luststreben lässt sich nichts ändern, das hat der Mensch schon immer versucht, das liegt in unserem evolutionären Programm. Also bleibt nur eines: Wir müssen unser Luststreben so erfüllen, dass es keinen Schaden anrichtet, für uns selbst nicht, für andere, für die Umwelt. Wir müssen lernen, gut und gesund zu essen, Sex und Bindung zu vereinen, Leistung mit Lust zu verbinden, Aggression durch Anerkennung zu befriedigen, Bindung wieder zu beleben. Wir müssen lernen, mit unseren Trieben lustvoll und vernünftig umzugehen. Nur so können wir Lust an Zukunft bekommen.

Die erste Abfallbilanz schafft Transparenz und Wettbewerb in der Abfallwirtschaft des Landes

Abschluss des Genehmigungsverfahrens für das Gemeinschaftskernkraftwerk Neckarwestheim II

Beginn von Maßnahmen zur Verbesserung der Gewässer-ökologie in Baden-Württemberg

Umweltschutz

Die Biologin Dr. Brigitte Dahlbender ist Vorsitzende des Landesverbandes Baden-Württemberg des Bundes für Umwelt und Naturschutz Deutschland (BUND) e.V., zugleich ist sie stellvertretende Bundesvorsitzende der Organisation. Der Landesverband hat ca. 73.000 Mitglieder und setzt sich seit 30 Jahren für Natur- und Umweltschutz ein.

Dr. Brigitte Dahlbender
Braucht Umwelt eine Lobby?

Vor 20 Jahren bei der Gründung des Umweltministeriums lag die Notwendigkeit für einen starken Umweltschutz vor aller Augen und in allen Nasen: Schaumberge auf den Flüssen, Smog in unseren Städten, Waldsterben auf den Höhen des Schwarzwaldes. Das Zusammenwirken von ehrenamtlichem und amtlichem Natur- und Umweltschutz hat die Politik dazu gebracht, wirksame Grenzwertregelungen und gesetzliche Vorgaben zur Beschränkung der Verschmutzungen zu erlassen. Heute sind unsere Bäche und Flüsse wieder sauber, wir können den Himmel in unseren Städten wieder sehen und uns auch weiterhin in unseren dichten Wäldern erholen. Die sichtbaren Erfolge führten zu der falschen Einschätzung, die Umweltprobleme seien doch weitgehend gelöst und wir hätten genug für den Umwelt- und Naturschutz getan. Die Realität hat uns eingeholt. Der BUND als einer der Triebfedern der Umweltlobby hat immer darauf hingewiesen, dass die beiden großen Umwelt- und Natur-schutzprobleme die globale Erderwärmung und der Verlust an Biodiversität noch ungelöst sind. Durch das „Gutachten von Stern" und die jüngsten Berichte des Intergovernmental Panel on Climate Change (IPCC) kann dies niemand mehr leugnen. Trotzdem ist festzustellen, dass der Versuch, weitreichende Maßnahmen zur Verminderung des CO_2-Ausstoßes umzusetzen, scheitert. Ursache ist allzu oft eingegrenztes Ressortdenken in Behörden und Ämtern, Orientierung der Politik am nächsten Wahltermin und Ausrichtung der Wirtschaft an kurzfristiger Gewinnsicherung. Die katastrophalen Folgen der Klimaerwärmung und die geringe Zeitspanne von ca. 15 Jahren, die uns zum wirksamen Gegensteuern bleibt, erfordern jedoch eine mutige Politik und wirksames Handeln. Wir wissen doch heute besser als jemals zuvor, dass Umweltpolitik Zukunftssicherung ist für uns Menschen, für unsere Wirtschaft und für unser Land. Umweltpolitik braucht eine starke Lobby – heute mehr denn je!

„Die sichtbaren Erfolge führten zu der falschen Einschätzung, die Umweltprobleme seien doch weitgehend gelöst und wir hätten genug für den Umwelt- und Naturschutz getan."

Handel

Karlhubert Dischinger ist Präsident der Industrie- und Handelskammer Südlicher Oberrhein. Dischinger ist Geschäftsführer der karldischinger logistikdienstleister GmbH & Co. KG in Ehrenkirchen. Die IHK Südlicher Oberrhein vertritt die Interessen von über 55.000 Mitgliedsunternehmen.

Karlhubert Dischinger
Was kostet uns die Natur?

„Oftmals stehen die Interessen der Wirtschaft und die Ansprüche des Naturschutzes in Konkurrenz zueinander."

Umweltrecht mag in Brüssel und Berlin ersonnen werden, wirksam wird es erst durch die Umsetzung in den Betrieben. Der verantwortungsvolle Umgang mit der Umwelt und den natürlichen Ressourcen ist heute fester Bestandteil der Wirtschafts- und Unternehmenspolitik. Für alle baden-württembergischen Industrie- und Handelskammern hat die IHK Südlicher Oberrhein die Federführung für das Themengebiet „Umwelt und Energie" übernommen. Die IHK baut Brücken zwischen Theorie und Praxis und versteht sich als umweltpolitische Interessenvertretung der Wirtschaft des IHK-Bezirkes. Oftmals stehen die Interessen der Wirtschaft und die Ansprüche des Naturschutzes bei der Nutzung von Flächen in Konkurrenz zueinander. Fast zehn Prozent der Fläche Deutschlands sind für die Erhaltung der Artenvielfalt reserviert – deutlich mehr als bei unseren Nachbarn Frankreich und Großbritannien. Die Schutzflächen befinden sich zu einem erheblichen Teil in Gebieten, die gewerblich genutzt werden. Für Betriebe, die an ein solches Gebiet angrenzen oder sich gar darin befinden, hat das gravierende Auswirkungen. Die Wirtschaft unterstützt das Ziel, vom Aussterben bedrohte Arten zu schützen. Allerdings ist „gut gemeint" im Ergebnis manchmal das Gegenteil von gut. Immer mehr Projekte zum Ausbau der Infrastruktur oder zur Erschließung von Gewerbeflächen werden durch strengen Artenschutz verhindert oder gefährdet. Es geht dabei nicht nur um große Prestigeobjekte, sondern auch um die Standorte zahlreicher mittelständischer Unternehmen. Bei der Ausweisung von Schutzgebieten müssen deshalb auch Standortinteressen von Unternehmen Beachtung finden. Das Verhältnis von Wirtschaft und Umwelt bedarf stets einer ausgewogenen Abwägung zwischen Ökologie und Wirtschaftlichkeit. Dazu gehört auch die Perspektive der Wettbewerbsfähigkeit gegenüber anderen Ländern oder Regionen.

Der erste Sonderabfallwirtschaftsplan Baden-Württemberg tritt in Kraft

Einführung des Freiwilligen Ökologischen Jahres in Baden-Württemberg als Modellprojekt, drei Jahre vor der bundesgesetzlichen Verankerung

Das Landesabfallgesetz mit einem Spezialteil zu Altlasten tritt in Kraft

Erstes Radioaktivitätsmessnetz in Baden-Württemberg

Umweltminister aus 89 Nationen beschließen in London, die Herstellung von FCKW bis zum Jahr 2000 zu stoppen

Erste EU-Richtlinie zum freien Zugang der Bürgerinnen und Bürger zu Umweltinformationen

Natur

Reiner Ehret ist seit 2000 Vorsitzender des Landesnaturschutzverbandes Baden-Württemberg, des Dachverbandes der Natur- und Umweltschutzvereine des Landes. Er war 30 Jahre lang Mitarbeiter eines multinationalen Ölkonzerns und ist seit 1989 selbstständiger Unternehmensberater. Im SWR-Rundfunkrat vertritt er den Natur- und Umweltschutz in Baden-Württemberg.

Reiner Ehret

Wer steht an erster Stelle – Mensch oder Natur?

Wir alle kennen solche Artikelüberschriften. Sie werden gerne bei Auseinandersetzungen um die Umwandlung von Naturräumen in Wohn- oder Gewerbegebiete, auch beim Straßenbau, gewählt. Ziel: Man sollte den Interessen der Menschen – höhere Steuereinnahmen, Arbeitsplätze, Verkehrsverbesserung – höheres Gewicht geben. In Freiburg wurde bei der beabsichtigten Verlängerung des Flugplatzes (Abholzen eines Waldstücks, mehr Lärm) sogar der Wertevergleich „Mensch" oder „Beißschrecke" angestellt. Diese selten gewordene Art der Laubheuschrecken ist Anwohnerin des alten, kleineren Flugplatzes. Der „Sieg" des Menschen war eindeutig, der Flugplatz ist inzwischen ausgebaut. Ein Gegenbeispiel: Auf dem Freiburger Rosskopf drehen sich vier Windräder, die bundesweit wegen toter Fledermäuse ins Gerede kamen. Wieder ein großes Medientheater. Dieses Mal allerdings mit dem Ergebnis, dass man den Betrieb der Windkraftanlagen zeitlich einschränkte, um die Fledermäuse besser schützen zu können. Eindeutiger Befund: Natur ging hier vor Mensch! Was nun? Ich bin – über alle philosophischen Reflexionen hinaus – durch meine praktische Arbeit als Natur- und Umweltschützer zu der Erkenntnis gelangt, dass eine gute Antwort auf die Frage „Mensch oder Natur" in der „Nachhaltigkeit" gefunden werden kann: Die ökonomischen, ökologischen und sozialen Belange sind bei allen Entscheidungen und Aktivitäten gleichrangig zu berücksichtigen. Die Belastbarkeit der Natur – auch der Erdatmosphäre – sowie die Endlichkeit unserer Ressourcen allerdings müssen hierbei die Grenzen vorgeben. Eine solche, von Empathie geprägte Nachhaltigkeit wird die Antwort geben: Mensch und Natur! Dies zu beweisen, ist eine reelle Chance der Nachhaltigkeitsstrategie des Landes.

Lothar Eiermann gehört zu den Starköchen Deutschlands. Er ist seit 33 Jahren Direktor und Küchenmeister des Wald- und Schlosshotels Friedrichsruhe.

Lothar Eiermann
Wie kochen wir gesund?

Es wäre ein bisschen zu einfach, nur biologisch-dynamisch angebautes Gemüse und Fleisch vom Biohof zu verwenden. Natürlich ist dort die Wahrscheinlichkeit größer, dass man dem Produkt bis zur Reife die notwendige Zeit gelassen und damit Respekt erwiesen hat. Große Köche haben nicht nur vor einem schönen Hummer oder Steinbutt Respekt, sondern auch vor einer Kartoffel. Es ist aber auch erwiesen, dass nur artgerecht aufgezogene und einigermaßen glückliche Tiere erstklassige Produkte hergeben. Nach 48 Jahren Berufserfahrung und Beobachtung unserer Gesellschaft: Qualität steht nicht immer an erster Stelle. Obwohl wir die Möglichkeit dazu haben, gesund zu kochen. Es gibt frisches, gutes Gemüse, frische Kräuter, nicht zu billige Kartoffeln und gute, frische Fische sowie Fleisch von glücklichen Tieren. Aber es besteht die Gefahr, einiges davon zu zerstören. Bei fast allen Gemüsen tötet extreme Hitze wichtige Vitamine und Spurenelemente ab. Beim Fleisch ist das jahrelang propagierte Anbraten bei extremer Hitze eine Sünde. Das im Fleisch befindliche Eiweiß stockt schon bei 56 bis 58 °C und braucht nie die Hundert, um saftig zu bleiben. Grundsätzlich misstrauisch bin ich gegenüber Fertigprodukten, die man ins Wasser schmeißt. Aus „hygienischen" Gründen sind die Lebensmittel alle mit Geschmacksverstärkern wie Glutamat und Konservierungsmitteln versetzt, die niemand herausschmecken kann. Das bedeutet, dass die gesunde Küche zu Hause oder im Restaurant zeitaufwendig und personalintensiv ist. Mit den Preisen aber, die wir in den „bürgerlichen" Lokalen erwarten, ist eine solche Arbeit nicht zu leisten. Deswegen: Lasst uns zu Hause so gesund wie möglich kochen, auch wenn es schnell gehen muss. Lasst uns nur von Zeit zu Zeit ausgehen, dann aber in der Bereitschaft, auch mehr für gute Produkte und eine gute Küche auszugeben.

Baden-Württemberg schafft das bundesweit erste Bodenschutzgesetz

Bundesumweltminister Töpfer stellt ein Programm „Ökologischer Aufbau in den neuen Bundesländern" vor

Die Hochwasservorhersagezentrale des Landes wird eröffnet

Das Umweltministerium erarbeitet Vorschriften zur besseren Information der Verbraucher, die vom Landtag durch Gesetz beschlossen werden und als Grundlage für alle späteren Regelungen zur Verbraucherinformation dienen

Musik

Hartmut Engler ist Leadsänger und Texter der erfolgreichsten deutschsprachigen Popgruppe PUR aus Bietigheim-Bissingen. Nach 25 Jahren Bandgeschichte sind PUR ein wichtiger Bestandteil deutscher Musikkultur und erfreuen sich immer noch größter Popularität.

„Wir brauchen ein mutiges, mächtiges und kluges Umweltministerium, das auch unbequeme Regeln festlegt, wenn wir schon nicht freiwillig das Nötige tun."

Hartmut Engler
Zukunft – ein Abenteuerland?

Tja, was soll ich sagen? Die Gedanken sind frei, der Fantasie sind keine Grenzen gesetzt. Nur: Wenn unsere Kinder ihren Fantasiespielraum nicht mehr ausleben können, oder aufgrund medial vorgefertigter Reizüberflutung nicht mehr lernen, diese innere Welt für sich zu entdecken, dann verschwindet ein Teil menschlicher Freiheit. So weit sollten wir es nicht kommen lassen. Ein anderer, falsch verstandener Teil unserer menschlichen Freiheit allerdings muss verschwinden: Nämlich die Freiheit, mit dieser Erde und ihren Ressourcen nur profit- und spaßorientiert, verantwortungslos und doch gesellschaftlich akzeptiert so

Schindluder zu treiben, als ob es keine Zukunft gäbe, als ob wir keine Kinder hätten, als ob wir selbst unser Leben im Alter nicht noch genießen wollten. In allen Bereichen wird ein Umdenken stattfinden müssen, das Einschränkungen, aber auch Möglichkeiten und Chancen nach sich zieht. Wenn das gelingt, wird auch die Zukunft ein Abenteuerland bleiben. Wenn nicht, dann ... In diesem Zusammenhang brauchen wir ein mutiges, mächtiges und kluges Umweltministerium, das auch unbequeme Regeln für uns alle festlegt, wenn wir schon nicht freiwillig das Richtige und Nötige tun.

Technik

Franz Fehrenbach ist seit dem 1. Juli 2003 Vorsitzender der Geschäftsführung der Robert Bosch GmbH. Er ist u. a. Mitglied des Vorstands des VDA (Verband der Automobilindustrie) sowie Mitglied des Senats der Max-Planck-Gesellschaft. Die Umweltstiftung WWF und das Magazin Capital wählten ihn 2006 zum Ökomanager des Jahres.

Franz Fehrenbach
Rechnen sich Ökologie und Ökonomie?

Schon die Frage suggeriert einen Gegensatz zweier Welten. Als trügen allein die Ökologen Verantwortung, die Ökonomen bezahlten bloß die Rechnung. Dabei stammen beide Begriffe von „oikos" ab – dem griechischen Wort für das Haus. Das sollte zu denken geben: Wer vernünftig mit der Umwelt und ihren Ressourcen „haushält", der handelt auch wirtschaftlich vernünftig. Darauf deuten alle einschlägigen Studien unserer Tage hin – ebenso wie die jahrzehntelangen Erfahrungen von Bosch. Schon nach der ersten Ölkrise haben wir für unsere Innovationen das 3-S-Programm ausgegeben: das Autofahren sicher, sauber und sparsam zu machen. Daraus sind technische Pionierleistungen wie zum Beispiel die Hochdruck-Dieseleinspritzung hervorgegangen. Sie hat signifikant mit dem Verbrauch auch den Kohlendioxid-Ausstoß gesenkt. Gerade der Klimaschutz rechnet sich. Weil die modernen Einspritz-systeme zugleich andere Emissionen reduzieren helfen, sind ohne sie die immer strengeren Abgasnormen nicht zu realisieren – weder in Europa noch künftig in China oder Indien. Diese „ökologische Globalisierung" bedeutet für Bosch eine geschäftliche Chance. Eine Chance, die wir nutzen werden – und indem wir so unser Unternehmen langfristig sichern, halten wir gleichzeitig Balance zu unserer ökologischen und gesellschaftlichen Verantwortung. Dabei sorgt Bosch nicht nur im Auto für Umwelt- und Ressourcenschonung. In der Thermotechnik nutzen unsere Systeme mehr denn je Sonnenenergie und Erdwärme. Unsere Hausgeräte verbrauchen weniger denn je Strom und Wasser. Und in Windrädern werden Getriebe unserer Tochtergesellschaft Bosch Rexroth eingesetzt. Allenthalben zeigt sich: Umweltschutz setzt nicht weniger, sondern mehr Technik voraus. Dabei gewinnt die Natur – aber auch die Wirtschaft.

„Wer vernünftig mit der Umwelt und ihren Ressourcen »haushält«, der handelt auch wirtschaftlich vernünftig."

Harald B. Schäfer wird Umweltminister in Baden-Württemberg

UN-Konferenz in Rio de Janeiro: Das Leitbild der „Nachhaltigen Entwicklung" wird geboren

Start des Integrierten Donau-Programms zur Verbesserung des technischen Hochwasserschutzes, der Flächenvorsorge und der naturnahen Gewässerentwicklung

Das Umweltministerium startet erstmals in Deutschland Pilotprojekte zur Zertifizierung eines anspruchsvollen betrieblichen Umweltmanagements (später EU-weit „EMAS" genannt)

Kirche

Dr. Ulrich Fischer war nach seiner Zeit als Gemeindepfarrer in Heidelberg Landesjugendpfarrer und danach Dekan des Kirchenbezirks Mannheim. Seit 1998 ist er Landesbischof der Evangelischen Landeskirche in Baden. Ulrich Fischer ist verheiratet und hat drei Töchter.

Ich erinnere mich noch genau: Bevor ich meinen Dienst als Pfarrer im Juli 1979 in Heidelberg-Kirchheim antrat, hielt der spätere Umweltbeauftragte der badischen Landeskirche, Pfarrer Dr. Gerhard Liedke, ein inspirierendes Referat über Grundlagen einer ökologischen Theologie: Der Mensch solle Gottes Auftrag zur Bewahrung der Schöpfung (Genesis 1 und 2) wahrnehmen im Bewusstsein, dass er selbst Teil dieser Schöpfung sei. Liedkes Ausführungen wurden für mich – wie für viele andere – wegweisend. Bereits 1981 gründete die badische Landeskirche einen Umweltbeirat. Inspirierend wirkte auch die Einladung des Weltkirchenrates zum „Konziliaren Prozess für Gerechtigkeit, Frieden und Bewahrung der Schöpfung" 1983, die ihren Nachhall im Aufruf Carl Friedrich von Weizsäckers auf dem Düsseldorfer Kirchentag 1985 fand. In Baden führte Pfarrer Klaus Nagorni die Umweltarbeit fort und baute ein Netz von Beauftragten in den Kirchenbezirken auf. Viele Gemeinden ließen sich zu ökologischen Projekten anregen. Unsere Landessynode beschloss, das Konzept des kirchlichen Umweltmanagements „Grüner Gockel" (hervorgegangen aus dem EMAS-Prozess) für die badischen Kirchengemeinden zu übernehmen. Derzeit entsteht unter Leitung des Biologen André Witthöft-Mühlmann das „Büro für Umwelt und Energie", das Gemeinden bei der Einführung des Umweltmanagements begleitet und in Fragen der Energieeinsparung berät. Der aktuelle Klimabericht der Vereinten Nationen belegt, dass den Worten das Handeln nun folgen muss. Ich freue mich, Bischof einer Landeskirche zu sein, die ihren Auftrag zur Bewahrung der Schöpfung ernst nimmt als wichtigen Teil christlicher Spiritualität. Im Einsatz für die Ökosysteme, in denen wir leben und die wir unseren Kindern hinterlassen, weiß ich mich mit dem Umweltministerium unseres Landes verbunden, dem ich herzlich zum 20-jährigen Bestehen gratuliere.

Bischof Dr. Ulrich Fischer

Wie engagiert sich die Kirche für nachhaltige Entwicklung?

Innovation

Der Ingenieur Klaus Fischer ist Gesamt-Geschäftsführer der Artur Fischer GmbH & Co. KG mit Hauptsitz in Waldachtal. Das Unternehmen beschäftigt weltweit 3.400 Mitarbeiter und ist mit „fischertechnik" bereits Kindern ein Begriff.

„In der aktuellen Diskussion wird deutlich, wie sehr die Umwelt mittlerweile auf schädliche Einflüsse reagiert, und dass wir, die Menschen, viel zu langsam aktiv etwas dagegen tun."

Klaus Fischer
Ist die Natur erfinderisch?

Spontan lautet meine Antwort: Nein, die Natur ist nicht erfinderisch. Sie ist unglaublich anpassungsfähig und verändert sich ständig, aber sie erfindet nicht. Unter „Erfinden" verstehe ich eine aktive geistige Leistung. Und gerade in der aktuellen Umweltdiskussion wird deutlich, wie sehr die Umwelt mittlerweile auf schädliche Einflüsse reagiert, und dass wir, die Menschen, viel zu langsam aktiv etwas dagegen tun. Dies bringt mich zum Hauptgedanken meiner kurzen Ausführung: Der Mensch ist erfinderisch, Menschen bringen Innovationen hervor, sie können die Welt um sich herum verändern – bis zu einem gewissen Grad. Als Unternehmensführer stelle ich die Menschen, unsere Mitarbeiterinnen und Mitarbeiter, immer in den Vordergrund. Sie sind es, die neue, kundenfreundliche Produkte entwickeln, herstellen und verkaufen. Innovationsfähigkeit ist aber mehr als die Summe der Erfindungen. Auch wenn in der Unternehmensgruppe fischer jährlich aus der Belegschaft 9,28 Patentanmeldungen pro 1.000 Mitarbeiter hervorgehen (der Industriedurchschnitt liegt bei 0,57), und wenn davon 35 Prozent (Industriedurchschnitt: 10 Prozent) in neue Produkte, Verfahren und Anwendungen umgesetzt werden, was die wichtigere Zahl ist, so ist es doch erfolgsentscheidend, dass wir uns täglich weiterentwickeln und verbessern. Wir tun dies mit Hilfe des fischer ProzessSystems (fPS) in allen Bereichen. Wir betrachten unsere Geschäftsprozesse ganzheitlich, vermeiden Verschwendung und verwirklichen das Prinzip des schlanken Unternehmens. Um zurück auf die Ausgangsfrage zu kommen: Ist die Natur erfinderisch? Nein, die Menschen sind es. Sie sind es, die aktiv den Umweltschutz in unserem Unternehmen unterstützen. Und sie helfen dadurch der Natur, sich weiterhin so anzupassen, dass auch die nächsten Generationen ein intaktes Umfeld vorfinden können.

Tourismus

Prof. Georg Fundel ist seit 1996 Geschäftsführer der Flughafen Stuttgart GmbH. Er war zuvor im Management der heutigen LBBW tätig. In den 80er Jahren war er unter dem damaligen Stuttgarter Oberbürgermeister Manfred Rommel Leiter der Wirtschaftsförderung.

Prof. Georg Fundel
„Take-off" auf Kosten der Umwelt?

Die Faszination des Fliegens ist nach wie vor ungebrochen. Sowohl für berufliche Zwecke als auch für Urlaubsreisen ist das Flugzeug heute in einer arbeitsteiligen Welt nicht mehr wegzudenken. Wachstumsraten von ca. fünf Prozent über die letzten 50 Jahre sind Ausdruck dafür, wie notwendig Reisen mit dem Flugzeug ist. Diese in der Wirtschaft einmalige Entwicklung beschert der Luftfahrt, inzwischen einer der größten Arbeitgeber weltweit, nicht nur positive Schlagzeilen. In Zeiten der Diskussion um Klimaveränderung sind auch kritische Fragen zu den Grenzen des Wachstums selbstverständlich erlaubt. Die Diskussion sollte nur nicht emotional geführt werden, sondern es müssen Fakten bewertet werden. Kein Verkehrsträger hat seine Umweltbilanz in den vergangenen 15 Jahren so verbessert wie der Luftverkehr. Bestes Beispiel dafür ist der Fluglärm. Kaum jemand erinnert sich heute an das Donnergrollen der früheren Düsenflugzeuge – sowohl Kleinflugzeuge als auch strahlgetriebene Flugzeuge haben ihre Lärmwerte längst mehr als halbiert. Trotzdem sind die Maschinen natürlich noch gut zu hören. Fliegen wird nie leise sein. Im Bereich der Antriebstechnik ist der Verbrauch deutlich reduziert. Die Automobilindustrie spricht vom Dreiliterauto. Das Dreiliterflugzeug gibt es bereits: Moderne Flieger verbrauchen nicht viel mehr als drei Liter Kerosin pro Passagier und 100 Kilometer. Die andere Seite: Trotzdem ist jede Verbrennung ein Beitrag zur Produktion von CO_2. Und deshalb muss weiter verbessert werden. Deshalb gilt als große Herausforderung sowohl beim Lärm als auch beim Verbrauch in den Bemühungen um eine bessere Ökobilanz nicht nachzulassen – bei gleichzeitiger Aufrechterhaltung der Mobilität, die mittlerweile unverzichtbar ist und von der ein Großteil von uns lebt.

„Als große Herausforderung gilt, sowohl beim Lärm als auch beim Verbrauch in den Bemühungen um eine bessere Ökobilanz nicht nachzulassen."

Schöpfung

Im Jahr 2000 wurde Dr. Gebhard Fürst zum 11. Bischof der Diözese Rottenburg-Stuttgart ernannt. Fürst ist päpstlicher Ehrenkaplan („Monsignore") und war Mitglied des Nationalen Ethikrats der Bundesregierung.

> „Wenn wir schöpfungsfreundlich handeln, leisten wir einen wichtigen Beitrag dazu, dass diese Erde für unsere Kinder Zukunft hat."

Bischof Dr. Gebhard Fürst
Was heißt „Schöpfung bewahren"?

Das christliche Credo beginnt mit dem Glauben an den Schöpfer des Himmels und der Erde und findet im Schöpferlob aller Kreatur sein Ziel. Schöpfungsverantwortung und Schöpfungsbewahrung gehören zur Kernaufgabe des christlichen Glaubens: Wir können nicht an Gott als Schöpfer glauben und die Mitwelt zugrunde richten. Wir sind „in den Garten der Schöpfung gesetzt, damit wir ihn bebauen und hüten, ihn hegen und pflegen" (vgl. Gen 2,15). Wir sind keine Zuschauer des Weltverlaufs, sondern aufgerufen, uns engagiert für soziale Rücksicht, ökonomische Weitsicht und ökologische Vorsicht einzusetzen. Wenn wir schöpfungsfreundlich handeln, leisten wir einen wichtigen Beitrag dazu, dass diese Erde für unsere Kinder Zukunft hat. Mein Wahlspruch als Bischof, „Propter nostram salutem – um unseres Heiles willen", wird meist als heilendes Handeln auf Menschen und ihr Zusammenleben interpretiert. Heute erkennen wir deutlicher als früher, dass wir unser heilendes Handeln ausdehnen müssen auf die ganze bedrohte und beschädigte Schöpfung – auf Wasser, Erde und Luft, auf die Tiere und Pflanzen. Um unser aller Heil willen müssen wir unser gestörtes Verhältnis zur Schöpfung heilen. Wir müssen unsere Beziehung zur Natur, wo sie zerstörerisch ist, in ein heilendes Verhältnis umwandeln. Natur, in der wir Christen Gottes Schöpfung erblicken, ist für viele heute zum bloß verfügbaren und manipulierbaren Material geworden, das materiellen Interessen geopfert werden darf. Damit wird aber der Natur Gewalt angetan und der Sinn der Schöpfung missachtet: „Auch die Schöpfung soll von der Sklaverei und Verlorenheit befreit werden. Denn wir wissen, dass die gesamte Schöpfung bis zum heutigen Tag seufzt und in Geburtswehen liegt" (vgl. Röm 8,21 f.). Diese Worte des Apostels Paulus erhalten heute eine neue Bedeutung.

Der Umweltpreis für Unternehmen wird eingeführt

Die Reinhalteordnung für kommunales Abwasser sorgt für eine neue Qualität der Binnenseen und Fließgewässer

Die Wiederaufbereitungsanlage in Karlsruhe wird stillgelegt

Der Jurist Ivo Gönner ist seit 1992 Oberbürgermeister der Stadt Ulm. Zuvor hat er zehn Jahre in einer eigenen Rechtsanwaltskanzlei gearbeitet. Seit 2005 ist Gönner Präsident des Städtetags Baden-Württemberg.

Ivo Gönner
Wie wollen wir in 30 Jahren wohnen?

Es bedarf keiner visionären Fähigkeiten, um zu unterstellen, dass auch in 30 Jahren die Menschen in Städten leben werden. Der Trend hin zur Stadt wird sich sogar noch verstärken. Das Deutsche Institut für Urbanistik (difu) in Berlin, Deutschlands führendes Stadtforschungsinstitut, hat in aktuellen, repräsentativen Bewohnerbefragungen ermittelt, dass bereits heute nur wenige Stadtbewohner es vorzögen, ins Umland zu ziehen. Im Gegenteil: Fast überall ist ein Run auf innerstädtische Wohnquartiere zu beobachten. Allerdings muss man das Bild differenziert betrachten: Nicht alle Städte werden in gleichem Maße davon profitieren und wachsen, sondern es wird auch regionale „Schrumpfungsprozesse" geben. Ich bin, wie könnte es anders sein, ein Verfechter handlungsfähiger, starker Städte, weil ich überzeugt davon bin, dass die kommunale Demokratie Grundlage für die dauerhafte Stabilität unseres staatlichen Gefüges ist. Auch in 30 Jahren wird daher der Satz gelten: Ohne starke Städte ist kein Staat zu machen! Denn: Unsere Städte sind und werden auch in Zukunft Motoren der wirtschaftlichen Dynamik sein, Katalysatoren der gesellschaftlichen Veränderungen, Impulsgeber für neue Entwicklungen. Die Zukunftsfähigkeit unserer Gesellschaft wird sich daran zeigen, wie es uns in den Städten gelingt, den demografischen Wandel zu meistern, das Auseinanderdriften gesellschaftlicher Segmente abzuwenden, Umweltprobleme vor unserer Haustür in den Griff zu bekommen. Für diese Herausforderungen brauchen wir nicht eine „Universal"-Antwort, wir brauchen viele und unterschiedliche Lösungen. Bezogen auf das Wohnen heißt das: Die „eigenen vier Wände" werden weiterhin Konjunktur haben, aber nicht als „Häuschen im Grünen", sondern als Stadt-Loft, als „Single-Service-Wohnung" oder als Generationenhaus – die Diversifikation unserer Gesellschaft wird sich auch in den Wohnformen widerspiegeln.

Informationstechnologie

Prof. Dipl.-Ing. Jörg Menno Harms ist Vorsitzender des Aufsichtsrats der Hewlett Packard GmbH, Böblingen und Vizepräsident des Bundesverbands für Informationstechnik und Telekommunikation BITKOM, Berlin.

Am Anfang waren Schornsteine und Ordnungspolitik. Die Industrie emittierte, die Politik reglementierte. Wirtschaft und Politik begegneten sich als Gegenüber, als Verfechter scheinbar konträrer Interessen. Informations- und Telekommunikationstechnologien (ITK) spielten als Wirtschaftssektor noch keine große Rolle. Das war in den 70ern. Dann brachte der World Summit von Rio das Leitbild der nachhaltigen Entwicklung. Es wurde deutlich, dass Ökonomie und Ökologie keine Gegenspieler sein müssen, dass beides zusammen geht, aber dass dieses Miteinander ausgewogen organisiert sein muss. Und die Zeit war gekommen für PCs, Handys sowie vernetzte ITK- und Internetanwendungen, welche die Arbeits- und Freizeitwelt grundlegend veränderten. Doch dabei blieb es nicht. Klimawandel und Rohstoffknappheit kamen als globale Herausforderungen hinzu. Die aktuelle Debatte um eine ökologische Industriepolitik bietet beste Chancen, die Potenziale für Umwelt, Innovation und Beschäftigung gleichermaßen zu heben. Die heute fast alle Wirtschaftssektoren durchdringende Informations- und Kommunikationstechnik wird dabei – ebenso wie andere intelligente Technologien – entscheidender Wegbereiter für Nachhaltigkeit sein. Ihr Potenzial für einen ressourcenschonenden Einsatz reicht von der Kaffeemaschine bis zum Pkw, von mobilen Arbeitsplätzen über Webconferencing bis zur effizienten Steuerung von Elektrizitäts-, Gas- oder Verkehrsinfrastrukturen. Die einschlägigen Unternehmen in Baden-Württemberg setzen viele dieser Beispiele bereits erfolgreich um. Durch eine noch bewusstere Zusammenarbeit von Unternehmen untereinander und mit der Politik ließen sich die ökologischen und ökonomischen Chancen des Arbeits- und Lebensstandortes Baden-Württemberg indes noch zielführender umsetzen.

Prof. Dipl.-Ing. Jörg Menno Harms
Ist IT Wegbereiter für Nachhaltigkeit?

„Die aktuelle Debatte um eine ökologische Industriepolitik bietet beste Chancen, die Potenziale für Umwelt, Innovation und Beschäftigung gleichermaßen zu heben."

Visionen

Dr. Volker Hauff ist seit 2001 Vorsitzender des Rates für nachhaltige Entwicklung der Bundesregierung. Hauff war von 1978 bis 1980 Bundesminister für Forschung und Technologie und von 1980 bis 1982 Bundesminister für Verkehr. Für die SPD saß er 20 Jahre lang im Bundestag (1969 bis 1989). In der Vortragsreihe „Anstöße" des Umweltministeriums Baden-Württemberg war Volker Hauff Referent.

„Nach wie vor ist das Reden über Grundsätze und hehre Zielvorstellungen attraktiver als die Herausforderungen einer nachhaltigen Entwicklung als Management der öffentlichen Dinge zu begreifen."

Dr. Volker Hauff
Wohin soll es gehen?

Mit der von Brundtland entwickelten Definition von Nachhaltigkeit wird eine Entwicklungsperspektive jenseits des verkürzten Gegensatzes von Umweltschutz und Wirtschaft eröffnet, mit der sich ein Feuerwerk an Forderungen verknüpft. Nachhaltigkeit fordert ein Denken jenseits der gewohnten Pfade, der umgrenzten Disziplinen und vertrauten Zuständigkeiten. Sie bildet den Rahmen für einen kontinuierlichen Prozess, in dem nach der besten Lösung gesucht und die Debatte um das beste „Wie" ausgetragen wird. Einiges wurde erreicht, vieles ist unvollendet. Die Forderung nach einem Weltgipfel schien uns damals eher zweitrangig, heute gilt er als ihr größter Erfolg. Rio verhalf dem Konzept der nachhaltigen Entwicklung international zum Durchbruch. Viele der im Brundtland-Bericht analysierten Problembereiche und Empfehlungen haben bis heute Bestand. Viele angesprochene Probleme warten immer noch auf eine nachhaltige Lösung. Das gilt auch für das Thema Energie. Wer sich heute als Klimaschützer in die Kernenergie als Lösungsstrategie flüchtet, sollte lesen, was damals zu den ungelösten Fragen der Kernenergie geschrieben wurde. Das meiste ist bis heute gültig. Weitgehend unbeachtet blieb das Kapitel „Managing the Common". Es thematisiert die Herausforderung, globale Güter zu schützen und zu nutzen. Nach wie vor ist das Reden über Grundsätze und hehre Zielvorstellungen attraktiver als die Herausforderungen einer nachhaltigen Entwicklung als Management der öffentlichen Dinge zu begreifen. Forderungen und Empfehlungen fallen erst jetzt auf fruchtbaren Boden. Nationale Nachhaltigkeitsstrategien und die Überarbeitung der EU-Nachhaltigkeitsstrategie sind Schritte in die richtige Richtung. Aber der größere Teil des Weges liegt noch vor uns. Eine Bilanz über Erfolge und Fehlschläge zeigt bei allen Verdiensten des Berichts eines: Der Aufruf zum Handeln harrt im Wesentlichen noch der Umsetzung. Auch in Deutschland.

Verkehr

Der Verkehrswissenschaftler Prof. Dr. Gerhard Heimerl ist emeritierter Professor für Eisenbahn- und Verkehrswesen der Universität Stuttgart. Dort war er von 1975 bis 2001 Direktor des Verkehrswissenschaftlichen Instituts.

„So viel öffentlicher Nahverkehr wie möglich – so viel Kraftfahrzeugverkehr wie nötig."

Die sozial- und umweltverträgliche Sicherung der Mobilität der Menschen und deren Versorgung ist eine der großen Herausforderungen unserer Gesellschaft. Hierüber besteht breiter politischer Konsens. Stellen sich Wissenschaft und Praxis des Verkehrswesens und die politischen Entscheidungsträger dieser Herausforderung in hinreichender und zukunftsorientiert nachhaltiger Weise? Die immer noch wachsende motorisierte Mobilität und die weitere Zunahme der Pkw-Motorisierung und des Verkehrsaufkommens haben insbesondere in den Verdichtungsräumen trotz erheblicher Verbesserungen im Angebot des Öffentlichen Personennahverkehrs (ÖPNV) zu einer Überlastung der Verkehrsnetze mit erheblichen Auswirkungen auf die Umwelt geführt. Die Erreichbarkeit zentraler Einrichtungen, von Arbeitsplätzen und Einkaufsstätten wird zunehmend beeinträchtigt und es besteht die Gefahr, dass dies zu negativen strukturellen Folgen für Bewohner und Wirtschaft führt. Um die Städte lebensfähig und lebenswert zu gestalten und zu erhalten, ist vor allem für deren Kerngebiete anzustreben: so viel ÖV-Nutzung wie möglich – so viel Kraftfahrzeugverkehr wie nötig, damit für den Versorgungsverkehr und für diejenigen, die den Pkw für ihre Aktivitäten wirklich brauchen, ein staufreies Fahren ermöglicht wird. Daraus stellen sich für jeden Verkehrsteilnehmer die Fragen:

· Mobilitätssteigerung in einer lebenswert(er)en Umwelt – ist diese Forderung widersprüchlich in sich oder sind ihre offensichtlichen Zielkonflikte lösbar?

· Wie beeinflussen persönliche Einstellung und Lebensstile das Verkehrsverhalten?

· Inwieweit können wir durch ein gewisses Umdenken hinsichtlich unserer individuellen Mobilitätsansprüche und durch bewussteren Umgang mit unserer Mobilität unter Berücksichtigung aller verfügbaren Verkehrsmittel dazu beitragen, das Funktionieren von Stadt und Region sichern?

Prof. Dr. Gerhard Heimerl
Wie sichern wir unsere Mobilität in der Zukunft?

Wissenschaft

Prof. Dr. Horst Hippler ist Inhaber des Lehrstuhls für Molekulare Physikalische Chemie und seit 2002 Rektor der Universität Karlsruhe (TH). Unter seiner Leitung setzte sich die Universität in der ersten Runde der Exzellenzinitiative des Bundes und der Länder durch. Sie ist damit eine von drei Elite-Universitäten in Deutschland.

Prof. Dr. Horst Hippler
Forschen für eine bessere Umwelt?

Diese Frage kann ich pauschal mit ja beantworten und um einen Aspekt erweitern: Nicht nur für eine bessere Umwelt sondern für die Erhaltung unseres Lebensstandards. Autofahren, Reisen, klimatisierte Räume – all diese Errungenschaften sind für unsere Gesellschaft zur Selbstverständlichkeit geworden. Auf sie zu verzichten, um Ressourcen zu sparen, halte ich für nicht umsetzbar. Ich meine, realistischer Umweltschutz nimmt die Menschen mit, statt sie zum Verzicht zu zwingen. Gleichzeitig halte ich es für unabdingbar, globale Auswirkungen – wie zum Beispiel die Erwärmung der Atmosphäre – resolut anzugehen. Wir können die Umweltsituation nur durch neue und ressourcensparende Technologien verbessern. Dazu ist grundlagenorientierte Forschung auf hohem wissenschaftlichem Niveau nötig. Drei Beispiele:

· Eines der dringendsten Umweltprobleme ist die Einsparung von Kohlendioxid. Daher befürworte ich die Erforschung der „CO_2-Sequestrierung". Diese Verfahren trennen das in Kraftwerken entstandene CO_2 aus den Emissionen ab. Anschließend wird das Gas unterirdisch eingelagert, sodass es nicht in die Atmosphäre gelangt. Hierzu bieten sich zum Beispiel ehemalige Erdöllagerstätten oder Kohleflöze an.

· Geothermie – die natürliche Wärme aus der Erde – ist auf der ganzen Welt vorhanden. Ihr Einsatz bedeutet ebenfalls eine substanzielle Einsparung an Kohlendioxid. Gemeinsam mit mehreren Partnern wird die Universität Karlsruhe hier einen Schwerpunkt setzen.

· Kraftstoffe, die aus organischem Material hergestellt werden, sind eine viel versprechende Möglichkeit, langfristig erdölbasierte Kraftstoffe zu ersetzen. Theoretisch können dafür alle organischen Materialien verwendet werden, zum Beispiel Stroh oder organischer Abfall. Mein Fazit: Wissenschaftliche Grundlagenforschung ist die Basis für zukunftsfähige Technologien, ohne die unsere Gesellschaft sich nicht weiterentwickeln kann.

„Ich meine, realistischer Umweltschutz nimmt die Menschen mit, statt sie zum Verzicht zu zwingen."

Rohstoffe

Dr. Christian Holzherr ist Vorsitzender des Vorstandes des Verbandes der Elektrizitätswirtschaft Baden-Württemberg e. V. (VdEW). Der VdEW vertritt mit seinen 132 Mitgliedsunternehmen fast alle Stromversorgungsunternehmen und versteht sich als deren Sprachrohr. Holzherr ist Finanzvorstand der EnBW Energie Baden-Württemberg AG Karlsruhe.

Dr. Christian Holzherr
Eine Zukunft nach dem Öl?

Es überrascht nur auf den ersten Blick, dass der Vorsitzende des Verbandes der Elektrizitätswirtschaft auf die „Zukunft nach dem Öl" angesprochen wird. Denn schnell wird klar: Der Menschheit gehen die fossilen Brennstoffe aus. Beschäftigte uns seit Mitte des vergangenen Jahrhunderts zuallererst die Frage, wie lange die natürlichen Ressourcen reichen, so ist heute ein klarer Paradigmenwechsel festzustellen. Energieeffizienz und Energiediversifizierung werden als zunehmend wichtige Themen für die entwickelten Volkswirtschaften, aber auch die Schwellenländer mit Blick auf Versorgungsunabhängigkeit und damit -sicherheit, erträgliche Energiepreise sowie Umwelt- und insbesondere Klimafreundlichkeit wahrgenommen. Angesichts einer Restreichweite des Rohöls von rund 40 Jahren ist klar, dass es eine „Post-Öl-Ära" geben muss. Doch wie wird sich der Übergang gestalten, wie wird diese Zeit konkret aussehen? Wie entwickelt sich der weltweite Energieverbrauch? Welche neuen Energieträger können die entstehende Lücke schließen? Wie lange können wir auf Gas setzen, das wir aus wenigen, zum Teil unsicheren Gebieten importieren? Dürfen wir auf Kohle setzen, die zwar länger verfügbar ist, aber noch mehr CO_2-Belastung bedeutet? Welche Rolle hat in diesem Kontext die Kernenergie? An dieser Stelle sitzen wir alle im selben Boot: Wirtschaft. Politik. Wissenschaft. Verbraucher. Die Antworten auf die Fragen der Energiezukunft müssen in komplexen Wirkungszusammenhängen ideologiefrei gesucht werden. Und sie müssen international gesucht werden, denn die Verfügbarkeit von Rohstoffen ist eine globale Frage – ebenso, wie es nur ein Klima auf unserem Globus gibt. Es bedarf dazu eines energiepolitischen Masterplanes, um die Zukunft zu gestalten. Die Entwicklung dieses Konzeptes ist nicht nur eine gesamtgesellschaftliche, sondern globale Herausforderung. Nicht mehr und nicht weniger. Im Land der Dichter und Denker und speziell im (Bundes-)Land der Tüftler und Erfinder können wir einen wichtigen Beitrag zur Lösung dieser Probleme leisten. Und in 20 Jahren, wenn das Umweltministerium Baden-Württemberg seinen 40. Geburtstag feiert, muss sie bereits teilweise Realität sein, die „Zukunft nach dem Öl".

„Die Antworten auf die Fragen der Energiezukunft müssen in komplexen Wirkungszusammenhängen ideologiefrei gesucht werden."

Alter

Siegfried Hörrmann ist Vorsitzender des Landesseniorenrats Baden-Württemberg. Der Rat vertritt die Interessen der 2,4 Millionen älteren Menschen im Land. Hörrmann vertritt zugleich die Bundesarbeitsgemeinschaft der Seniorenorganisationen (BAGSO).

Siegfried Hörrmann
Wo ist die heile Welt geblieben?

Die ersten Mahner und Streiter für die Belange des Umweltschutzes sind heute im Seniorenalter angekommen. Heute wissen wir, dass es zu wenige waren. Das bedeutet, dass wir ihnen für ihr Engagement und ihren Weitblick zu besonderem Dank verpflichtet sind, denn ohne diesen frühzeitigen Einsatz wäre die Bewusstseinsbildung der Menschen in unserem Lande nicht dort, wo sie heute steht. Der Landesseniorenrat und seine Mitglieder, die Kreis-, Stadt- und Ortsseniorenräte, sind sich ihrer Verantwortung für die nachfolgenden Generationen voll bewusst und setzen sich für eine Schonung der Ressourcen und Verbesserung der klimatischen Bedingungen aktiv ein. Besonderer Erwähnung bedarf der Einsatz von zahlreichen älteren Bürgerinnen und Bürgern in Umweltschutzprojekten als Berater und Helfer, mit den im Berufsleben erworbenen Fachkenntnissen. Ein Schwerpunkt unserer Arbeit ist es, darauf hinzuwirken, dass wir Älteren uns in besonderer Weise als Verkehrsteilnehmer umweltbewusst verhalten. Dies bedeutet unter anderem, dass wir uns stark für die Nutzung von Seniorentickets im öffentlichen Personenverkehr einsetzen und dass die Nutzungsbedingungen attraktiv und einfach zu handhaben sind.

„Die ersten Mahner und Streiter für die Belange des Umweltschutzes sind heute im Seniorenalter angekommen. Heute wissen wir, dass es zu wenige waren."

Film

Felix Huby – bürgerlich Eberhard Hungerbühler – ist gelernter Journalist. Er ist Autor zahlreicher Bücher und einer der bekanntesten deutschen Drehbuchautoren für das Fernsehen. Über 26 Folgen der Serie „Tatort" stammen aus seiner Feder. Für die ARD entwickelte er die Figur des Kommissars „Bienzle".

Felix Huby
Wie bringt man Umwelt ins Kino?

Gemeint ist wohl nicht, wie macht man einen Film über oder gar für den Umweltschutz. Das hat schon sehr früh Wolfgang Menge mit „SMOG" gezeigt. Erst im letzten Jahr hat es der einstige US-Vizepräsident Al Gore in seinem Film „Eine unbequeme Wahrheit" mit großer Bravour probiert. Ich verstehe die Frage vielmehr so: Wie kann der Umweltschutz thematisch in die gängige Film- und Fernsehproduktion Eingang finden? Wie schützen wir unsere Umwelt vor der Ausbeutung, Schädigung und schließlich der Vernichtung durch den Menschen: Diese Thematik ist ja allgegenwärtig. Sie kann in einem Kino- oder Fernsehfilm zum Hauptthema gemacht oder als Teil einer anderen Geschichte miterzählt werden. Für beides gibt es Beispiele genug. In meinem im Januar 2007 ausgestrahlten Tatort „Bienzle und die große Liebe" spielen jene Filderbauern eine Rolle, die mit guten Argumenten gegen den Bau des neuen Messegeländes am Flughafen und für ihre Krautäcker protestiert haben. In meinem Roman „Der Atomkrieg von Weihersbronn" (in einer Neuauflage „Bienzle und der Terrorist") geht es um die Verseuchung von Grundwasser durch Atommüll aus einem Kraftwerk. Wer als Film- oder Romanautor versucht, unsere Lebenswirklichkeit abzubilden, wird an dem brennenden Thema Umweltschutz nicht vorbeigehen können. Wer ihm ausweicht, hat unsere Lebenswirklichkeit nicht kapiert.

Die Klimaschutz- und Energieagentur wird gegründet

Ein Versuch bei Neckarsulm/Heilbronn zeigt, dass kleinräumige und zeitlich befristete Minderungen von Ozon-Vorläufersubstanzen nicht ausreichen, um die Belastung zu senken

Erstellung eines ersten Klimaschutzkonzepts für Baden-Württemberg

Das Staatsziel „Umweltschutz" wird in das Grundgesetz aufgenommen

Wohnen

Dieter Ben Kauffmann ist Freier Architekt bei Kauffmann Theilig & Partner in Ostfildern. Seit 2002 ist er Landesvorsitzender des Bundes Deutscher Architekten (BDA) Baden-Württemberg.

„Es braucht immer auch Gegenwind, denn nur bei Gegenwind steigt der Drachen!"

Dieter Ben Kauffmann
Wie baut man für die Zukunft?

Vorhersagen sind so eine Sache, besonders wenn sie die Zukunft betreffen. Aber in die Zukunft des Bauens zu blicken scheint zunächst gar nicht so schwer zu sein. Nehmen wir alle Erkenntnisse, die wir heute bereits haben, und integrieren sie in die Planung von Gebäuden, dann ist vieles getan. Wir wissen, dass der Anteil älterer Menschen in unserer Gesellschaft wächst, also werden die Wohnungen barrierefreier. Wir wissen, dass der Platz für neue Siedlungen knapp ist, also werden wir uns auf die Städte konzentrieren, auf verdichtete oder nachverdichtete Wohnformen, spannende, individuell geformte – und damit identitätsstiftende – hohe Gebäude, die unmittelbar mit einem landschaftlichen Konzept verwoben sind. Dabei wird auch weniger privater Straßenverkehr benötigt. Wir wissen, dass Energie knapp ist. Also brauchen wir Häuser, die sowohl bei ihren Materialien als auch in ihrem Betrieb möglichst wenig Fremdenergie brauchen. Und wir wissen, dass alte Wohnungen entweder abgerissen werden sollten, da sie diesen Grundsätzen nicht mehr entsprechen können, oder zumindest so umgerüstet werden, dass sich ihre „Bilanz" dramatisch verbessert. Der Geist ist willig, jedoch ... Die Instrumente zur Umsetzung dieser Ziele gibt es. Solange sie aber aufgrund hoher Investitionskosten und eher geringer serieller Produktangebote noch als Luxus gelten, ist das alles noch nicht „landläufig", sondern nur auf Einzelbeispiele beschränkt. Und dann gibt es noch die Tradition, die überwunden werden will. Dabei stehen oft mehr stilistische Aspekte im Vordergrund denn nachhaltige. Oder wer kauft die altdeutschen Möbel, die wir morgens in der Zeitungsbeilage mit Entsetzen sehen? Es braucht – wie immer – entweder Zeit oder erhöhten Leidensdruck, um Bewusstsein zu beeinflussen. Und es braucht immer auch Gegenwind, denn nur bei Gegenwind steigt der Drachen!

Demoskopie

Prof. Dr. Renate Köcher ist Meinungsforscherin und Geschäftsführerin des Instituts für Demoskopie Allensbach – Gesellschaft zum Studium der öffentlichen Meinung mbH (IfD). Köcher hat Volkswirtschaftslehre, Soziologie und Publizistik in Mainz und München studiert.

„Die Bevölkerung sieht Deutschland heute als ein Land, das im Umweltschutz weltweit Maßstäbe setzt und auch Vorreiter bei der Entwicklung von Umwelttechnologien ist."

Prof. Dr. Renate Köcher
Gibt es Trends beim Thema Umwelt?

In den letzten 20 Jahren hat sich der Stellenwert des Themas Umweltschutz in Politik und Wirtschaft völlig anders entwickelt als im Bewusstsein der Bevölkerung. In der politischen Agenda nimmt Umweltschutz einen hohen Stellenwert ein. Die Erfolge der politischen Maßnahmen sind nach dem Eindruck der Bevölkerung mit Händen zu greifen. Noch am Beginn der 90er Jahre stuften zwei Drittel der deutschen Bevölkerung den Zustand der Umwelt als unbefriedigend ein, heute nur noch knapp 30 Prozent. Auch für die Unternehmen hat Umweltschutz heute einen signifikant höheren Stellenwert. Die Mehrheit der Arbeitnehmer zieht die Bilanz, dass im eigenen Unternehmen großer Wert auf Umweltschutz gelegt wird. Die Bevölkerung sieht Deutschland heute als ein Land, das im Umweltschutz weltweit Maßstäbe setzt und auch Vorreiter bei der Entwicklung von Umwelttechnologien ist. Im selben Zeitraum, in dem politisches und wirtschaftliches Handeln verstärkt auf Umweltschutz ausgerichtet wurden, ist das gesellschaftliche Interesse an Umweltfragen jedoch signifikant zurückgegangen. Der Kreis der Bevölkerung, den Umweltfragen in hohem Maße interessieren, hat sich seit 1990 von 42 auf 22 Prozent fast halbiert. Diese Entwicklung steht nur auf den ersten Blick völlig quer zu der gewachsenen Bedeutung von Umweltschutz in Politik und Wirtschaft. Gerade weil die Bevölkerung in ihrem Umfeld große Fortschritte beim Schutz der natürlichen Umwelt beobachtet, hat dieses Anliegen in den Augen weiter Bevölkerungskreise an Dringlichkeit verloren. Trotzdem hält die große Mehrheit auch in Zukunft Anstrengungen zum Schutz der Umwelt für notwendig, insbesondere zum Schutz des Klimas. Dieses Thema steigt zurzeit auf der Agenda der Bevölkerung parallel zu der Entwicklung der politischen und medialen Diskussion steil nach oben.

Motivation

Hans-Uwe L. Köhler ist internationaler Verkaufstrainer und Experte für emotionale Kommunikation mit Sitz in Börwang. Köhler ist Referent des Kongresses „Umwelt braucht Medien" des Umweltministeriums Baden-Württemberg.

Hans-Uwe L. Köhler
Wie verkauft man Nachhaltigkeit?

Einkaufen und Verkaufen sind wie ein Geschwisterpaar, dessen Existenzgrundlage auf einem Tauschprinzip beruht. Je begehrenswerter ein Besitz ist, desto größer die eingesetzte Geldsumme. Noch präziser: Je emotionaler ein Objekt besetzt ist, desto höher der Wert. Andersseits: Was keine Emotionen auslöst, ist für menschliche Entscheidungen wertlos! Der Begriff „Nachhaltigkeit" befriedigt höchstens den pädagogischen Ansatz im Umweltschutz, die Menschen anleiten zu wollen, „das Richtige zu tun". Wenn man also kurzfristige Kosmetik am Umweltschutz verhindern will, dann verlangt Umweltschutz nach Verhaltensänderung. Verhaltensänderung funktioniert jedoch nur in Ausnahmefällen auf der Basis von Einsicht und Vernunft. In diesem Zusammenhang muss gefragt werden, inwieweit Drohkulissen helfen, das Verhalten von Menschen zu verändern? Natürlich funktionieren sie, wenn die Bedrohung zeitnah erfolgt. Ein verkündeter Anstieg der durchschnittlichen Temperatur um 1,2 °C in den nächsten 50 Jahren löst allerdings nur Desinteresse aus. Allerdings, wenn widersprüchliche Emotionen einen Konflikt auslösen, dann kommt es zur Blockade. Ein Beispiel: Für die meisten Deutschen ist der Erhalt des tropischen Regenwaldes ein erstrebenswertes Ziel. Auch Heizkraftwerke für Biomasse sind emotional positiv besetzt. Wenn allerdings in Indonesien Regenwald abgefackelt wird, um Ölpalmen anzupflanzen, damit mit der gewonnen Biomasse in Deutschland geheizt werden kann, dann steigen die Menschen aus. Verhaltensänderung auf der Grundlage von Belohnung funktioniert hingegen hervorragend! Aktivitäten im Umweltschutz mit dem Anspruch der Nachhaltigkeit müssen jedoch an den Besitz von Objekten gebunden sein! Steuerliche Anreize, also die Wahl zwischen finanzieller Bestrafung oder Belohnung, sind nur der halbe Weg. Perfekt wäre es, wenn der Besitz von Prestigeobjekten den Beweis liefert, aktiv etwas für die Nachhaltigkeit im Klimaschutz getan zu haben. Dann wäre die Aufgabe geschafft und die Arbeit getan!

„Perfekt wäre es, wenn der Besitz von Prestigeobjekten den Beweis liefert, aktiv etwas für den Klimaschutz getan zu haben."

Soziales

Der Theologe Klaus-Dieter K. Kottnik ist Präsident des Diakonischen Werkes der Evangelischen Kirche in Deutschland mit Sitz in Stuttgart und Berlin. Zuvor war er Vorstandsvorsitzender der Diakonie Stetten, einer großen Einrichtung für Menschen mit Behinderungen und Benachteiligungen in Kernen, nahe Stuttgart.

Als vor 20 Jahren der Reaktorunfall in Tschernobyl zur Folge hatte, dass auch die Umwelt in unserem Land kontaminiert wurde, reagierten die Eltern in unseren evangelischen Kindergärten in Stuttgart mit großer Sensibilität: Der Sandkasten musste neuen Sand erhalten und der Kasten abgedeckt werden. Nicht nur das Thema Reaktorsicherheit, sondern auch das Leben in einer gesunden und geschützten Umwelt wurde zum Thema unter den Eltern – und damit auch unter den Erzieherinnen. Ein Bewusstsein für den Erhalt, den Schutz und die Bewahrung der Schöpfung muss schon in Kindheitstagen gelegt werden. Nicht in allen Häusern oder bei allen Eltern steht dieses Bewusstsein für die Kinder im Vordergrund. Zu oft müssen sich Kinder benachteiligter Eltern mit anderen Themen auseinandersetzen. Umweltbewusstsein darf aber nicht nur eine Sache von Kindern sein, die aus behüteten Lebensumständen kommen. Wie wäre es, wenn das Umweltministerium Baden-Württemberg und der Landesverband für Evangelische Kindertagesstätten gemeinsam ein Projekt entwickelten mit dem Inhalt „Umwelterziehung in der Kindheit"? Bekanntermaßen erzählen die Kinder, was sie im Kindergarten erleben. Um wie viel intensiver wäre das Gespräch und damit auch die Handlungsweise, wenn das Thema aus den Kindergärten auch zu Hause diskutiert würde und man sich überlegte, welche Schritte unternommen werden könnten, um Abfall zu reduzieren, sich gesünder zu ernähren, behutsam mit Tieren umzugehen, umweltfreundliche Hygiene zu betreiben usw. In der Kinderzeit werden die Erfahrungen gelegt, die lebensbestimmend und lebensbegleitend sein können. Kinder sind begierig darauf, etwas Neues zu lernen. Ein spielerischer Zugang zu Umweltthemen würde deshalb nachhaltige Wirkung auf Kinder haben und somit auch das Bewusstsein der gesamten Gesellschaft nachhaltig prägen.

Klaus-Dieter K. Kottnik
Umwelt für ein menschenwürdiges Leben?

Baden-Württemberg aktualisiert in Artikel 86 der Landesverfassung die Bedeutung des Umweltschutzes, der bereits seit 1976 dort aufgenommen ist

Start der elektronischen Fahrplanauskunft „EFA" für Busse und Bahnen in Baden-Württemberg

Baden-Württemberg übernimmt für über sechs Jahre auf europäischer Ebene die Interessenvertretung der deutschen Bundesländer bei der Erarbeitung der Wasserrahmenrichtlinie 2000

Die Wassergesetznovelle stellt die Bedeutung des Lebensraums Wasser klar: Wir müssen sorgfältig mit einem Gewässer umgehen

Start des Projekts „Klimafreundliche und energiesparende Schule"

Jugend

Renate Landig erreichte 2005 beim Bundeswettbewerb „Jugend forscht" den ersten Platz. Sie erforschte mit ihrem Projektpartner das Fließverhalten von Flüssigkeiten.

„Unser schlechter Umgang mit Energie blieb nicht ohne Folgen. Wir müssen aufpassen, dass wir unsere Lebensgrundlage nicht weiter zerstören."

Renate Landig
Braucht die Umwelt Erfinder?

In den Medien ist der Klimawandel ein viel diskutiertes und hochaktuelles Thema. Unser schlechter Umgang mit Energien blieb leider nicht ohne Folgen, und wir müssen aufpassen, dass wir uns unsere Lebensgrundlage nicht weiter zerstören. Die Wissenschaft hat sich nach Jahren, in denen es nur um Leistungserhöhung ging, immer mehr zum Ziel gesetzt, umweltfreundlichere Techniken zu erforschen. Der Schadstoffausstoß hat sich in den letzten Jahren immer mehr verringert und könnte zum Beispiel durch die neue Hybridtechnik nochmals sehr stark reduziert werden. Die Forschung trägt dazu bei, die Umwelt gesünder zu machen. Wenn die Techniken dann auch noch wirklich in der Wirtschaft unterstützt und umgesetzt werden, wäre der Umwelt stark geholfen. Deutschland hat in den letzten Jahren strengere Regeln für den Abgasausstoß in der Industrie und auf den Straßen durchgebracht und muss jetzt seine Energiefrage klären. Ich halte Atomkraftwerke für eine sichere Möglichkeit, Strom zu produzieren, die wir nicht vollständig aufgeben sollten. Eine weitere interessante Energiequelle ist die Kernfusion, die sehr vielversprechend erscheint, aber wohl erst in einigen Jahrzehnten marktreif werden wird. Alles in allem schützt ein vernünftiger Energiemix vor Abhängigkeiten und kurbelt verschiedene Forschungs- und Industriezweige an. Je weniger einseitige Energiepolitik betrieben wird, desto kreativer werden sich Entwicklungen auf dem Energiesektor gestalten. Wir werden immer Menschen benötigen, die sich zum Ziel setzen, die Prozesse auf unserer Welt besser zu verstehen. Denn erst wenn ein Problem verstanden ist, kann eine Lösung gefunden werden. Die Welt wird sich verändern und wir müssen uns an neue Gegebenheiten anpassen. Die Wissenschaft leistet dazu einen entscheidenden Beitrag.

Klima

Dr. Mojib Latif habilitierte im Fach Ozeanologie an der Universität Hamburg und ist heute Professor am Institut für Meereskunde und am Leibniz-Institut für Meereswissenschaften IFM-GEOMAR in Kiel. Beim internationalen Umwelttag in Stuttgart referierte er zum Thema „Ist das Klima noch im Takt?".

Prof. Dr. Mojib Latif
Klimawandel – eine unbequeme Wahrheit?

Die Temperatur der Erde ist seit Beginn der regelmäßigen Aufzeichnungen vor gut 100 Jahren um etwa 0,8 °C angestiegen. Es besteht kein Zweifel darüber, dass der Großteil dieser Erwärmung, etwa drei Viertel, auf uns Menschen zurückgeht. Wir entlassen enorme Mengen sogenannter Treibhausgase in die Atmosphäre, was unweigerlich zu einer globalen Erwärmung führen muss. Insbesondere die Verbrennung fossiler Brennstoffe (Erdöl, Erdgas und Kohle) zur Energiegewinnung produziert große Mengen des Treibhausgases Kohlendioxid (CO_2), das etwa zu 60 Prozent an der vom Menschen verursachten Erwärmung beteiligt ist. Auch in Deutschland sind die Anzeichen des Klimawandels unverkennbar. Die Temperatur ist bei uns in den letzten 100 Jahren um 1,1 °C angestiegen, die Sommertrockenheit und die Winterniederschläge nehmen zu und die extremen Wetterereignisse häufen sich. Der Sommer 2003 hat alle bisherigen Rekorde gebrochen und der Januar 2007 war der wärmste seit 1761. Die Erderwärmung sollte die Marke von 2 °C gegenüber der vorindustriellen Zeit bis 2100 nicht überschreiten, um unabsehbare Folgen für das Weltklima zu vermeiden. Um dieses Ziel zu erreichen, bedarf es einer gewaltigen weltweiten Kraftanstrengung. Da das Klima träge ist, ist Aktionismus nicht gefragt. Der Ausstoß der Treibhausgase müsste bis 2050 um etwa 50 Prozent und bis 2100 um etwa 90 Prozent gesenkt werden. Kurzfristig wären eine Energiespar- und eine Energieeffizienzoffensive notwendig, langfristig muss die Weltwirtschaft in Richtung der erneuerbaren Energien umgebaut werden. Deutschland sollte beim Klimaschutz eine Vorreiterrolle übernehmen. Dabei sind alle gesellschaftlichen Gruppen gefragt: die Politik, die Wirtschaft und die Verbraucher. Dies wird einen Innovationsschub auslösen, der uns langfristig auch Wettbewerbsvorteile bringen wird.

Die beiden bisher selbstständigen Ministerien für Umwelt und Verkehr werden unter Minister Hermann Schaufler zum größten Ministerium in Baden-Württemberg zusammengelegt

Die Sonderabfallagentur Baden-Württemberg GmbH wird mit dem Ziel, die abfallwirtschaftliche Überwachung bei Sonderabfällen zu bündeln, gegründet

Das Kreislaufwirtschafts- und Abfallgesetz (Abfallvermeidung vor Abfallverwertung) tritt auf Bundesebene in Kraft

Das Grundwasserbeschaffenheitsmessnetz nimmt den Betrieb auf

Nahverkehr

Dr. Dieter Ludwig war bis 2006 u. a. Geschäftsführer der Verkehrsbetriebe Karlsruhe (VBK). Bundesweit bekannt wurde er durch die Entwicklung des sogenannten Karlsruher Modells, bei dem die Stadtbahn sowohl in der Stadt als auch auf Eisenbahnschienen fahren kann.

Dr. Dieter Ludwig
Warum steigen wir nicht um?

„Erst wenn wir nicht mehr umsteigen müssen, steigen wir um."

Während Umweltpolitiker, Verkehrsexperten und Städteplaner sich manchmal nichts sehnlicher wünschen, empfinden die Fahrgäste das Umsteigen eher als abschreckend. Zugegeben, es handelt sich natürlich um zweierlei Bedeutungen. Die einen meinen mit Umsteigen den Wechsel vom Auto auf den öffentlichen Nahverkehr, für die anderen ist dagegen Umsteigen der Anschluss von einem Zug auf den nächsten oder vom Bus zur Straßenbahn. Beide Bedeutungen des Wortes „Umsteigen" hängen aber doch sehr eng zusammen. Denn um es auf den Punkt zu bringen: Wer umsteigen muss, steigt nicht gerne um. Einer der unbestrittenen Vorteile des Individualverkehrs ist die quasi vollkommen geschlossene Reisekette. Man steigt vor dem Haus in sein Auto und verlässt es erst wieder am Ziel. Manchmal liegt zwar zwischen Ein- und Aussteigen eine etwas längere Verweildauer im Stau, aber man sitzt ja immerhin. Fährt man dagegen mit dem öffentlichen Nahverkehr zur Arbeit, zum Einkaufen oder zu einem Ausflug, dann beginnt erst einmal das Fahrplanstudium: erst mit dem Bus zum Bahnhof, dann mit dem Zug in die Stadt und dort weiter mit der Straßenbahn in die Fußgängerzone. „Viel zu umständlich!", sagen da viele potenzielle Fahrgäste und winken ab. Nicht umsonst werden bei Kundenbefragungen regelmäßig direkte Verbindungen als wichtiges Kriterium genannt. Einmal eingestiegen, braucht man den Platz nicht mehr zu wechseln, kann lesen oder sich mit seinem Nachbarn unterhalten. Beim Umsteigen aber werden die Karten wieder völlig neu gemischt, gibt es noch einen Sitzplatz, ist der Anschluss auch pünktlich? Alles so unsicher ... Das „Karlsruher Modell" mit seinen direkten Verbindungen zwischen dem Umland und der Stadtmitte erzielte hohe Zuwachsraten. Hier wurde die Bahn zu den Menschen gebracht. Oder anders gesagt: Erst wenn wir nicht mehr umsteigen müssen, steigen wir um.

Energie

Prof. Dr. Joachim Luther war bis 2006 Leiter des Fraunhofer-Instituts für Solare Energiesysteme ISE in Freiburg. Sein wissenschaftliches Thema war der Wandel unseres Energiesystems. 25 Jahre lang hat er über solare Energiesysteme und deren Markteinführung geforscht.

„Die Sonne bietet uns die Chance, ein nachhaltiges Energiesystem weltweit zu etablieren."

Prof. Dr. Joachim Luther
Wird's die Sonne richten?

Das heutige globale Energieversorgungssystem ist nicht nachhaltig. Die Hauptprobleme sind:

· der Erhalt unserer natürlichen Lebensgrundlagen (insbesondere die Klimafragestellung)
· die Versorgung von einem Drittel der Menschheit mit moderner Energie
· die geopolitischen Konflikte um Energieressourcen und um Energietechnologien

Weltweit sind diese Problemfelder aber mittlerweile – auch im öffentlichen Raum – in ihrer Tragweite erkannt worden. Es besteht daher die Chance, ein nachhaltiges Energiesystem zu etablieren. Dieses wird – nach heutigem Stand der Technologieentwicklung – im Wesentlichen auf folgenden Säulen basieren:

· effiziente Nutzung von Energie
· umfangreiche Nutzung erneuerbarer Energiequellen
· Restnutzung fossiler Energieträger

Von den erneuerbaren Energiequellen kommt der Sonnenenergie eine besondere Bedeutung zu, da sie zum einen an menschlichen Maßstäben gemessen ein unerschöpfliches Potenzial besitzt und zum anderen fast überall auf der Welt sinnvoll genutzt werden kann. Selbstverständlich wird es auch bei einer solaren Energieversorgung entscheidend auf die Nachhaltigkeit ankommen. Über Sonnenenergie lassen sich Strom, Wärme und Treibstoffe gewinnen – sie kann somit die für uns wichtigen Energieträger bereitstellen. In einigen Feldern solarer Energieversorgungstechnologien sind weltweit rasante Wachstumsraten zu verzeichnen. Um diese aufrechtzuerhalten und auf weitere Felder auszuweiten wird es darauf ankommen, die Kosten solarer Energiebereitstellung noch weiter drastisch zu reduzieren. Die gute Nachricht: Dies ist auch möglich. Wir brauchen dazu aber kraftvolle Maßnahmen in Forschung und Technologie sowie in der Energiepolitik. Die Sonne bietet uns die Chance, ein nachhaltiges Energiesystem weltweit zu etablieren. Aber: Der Mensch wird es schon richten müssen.

Politik

Der Wirtschaftswissenschaftler Stefan Mappus war zunächst Staatssekretär und dann Minister im Ministerium für Umwelt und Verkehr Baden-Württemberg. Heute ist er Vorsitzender der CDU-Fraktion im Landtag.

Stefan Mappus
Ist Umwelt eine Generationenfrage?

Wer Umweltpolitik als Generationenfrage betrachtet, denkt dabei zuerst an eine nachhaltige Entwicklung, die ökologische, ökonomische und soziale Aspekte mit Blick auf die Lebenschancen künftiger Generationen in Einklang bringt. Spannend ist aber auch die Frage nach den umweltpolitischen Prägungen verschiedener Generationen: Wer in den 20er Jahren aufwuchs und Diktatur, Krieg und die Not der Nachkriegsjahre erleben musste, hat einen ganz anderen Blick auf die Gefahren der Umweltzerstörung als die Kinder der 50er, 70er oder 90er Jahre, die durch Müllproblem oder Klimawandel mit jeweils eigenen generationentypischen Herausforderungen für umweltpolitisches Handeln konfrontiert worden sind. Es ist die Aufgabe der Politik, die unterschiedlichen Einstellungen der Generationen aufzunehmen und dem Handlungsbedarf Rechnung zu tragen. Der Klimaschutz wird heute zu einer der größten Herausforderungen der Menschheit. Es geht dabei nicht mehr „nur" um herkömmlichen Umweltschutz, sondern darum, dass weite Bereiche unseres Planeten massiv unter den Folgen der Klimaveränderung leiden werden. Umweltrisiken dieser Größenordnung fordern ein neues ökologisch umschriebenes Selbstverständnis der Weltgesellschaft. Viele unserer Kinder werden den im aktuellen UN-Klimabericht benannten Prognosezeitraum bis 2099 selbst erleben. Sie und ihre Nachkommen werden unsere Entscheidungen von heute kritisch beurteilen: Haben wir den Mut und den Weitblick zu entschlossenem und richtigem Handeln aufgebracht? Haben wir schnell genug reagiert, als die politischen Prioritäten angesichts der Klimagefahren fragwürdig geworden sind? Umweltpolitische Themen sind im Kernbereich politischer Gestaltungsverantwortung angekommen. Es geht nicht mehr um den politischen Ausgleich gesellschaftlicher Interessen, sondern um die elementare Bewahrung der Schöpfung. Das ist eine gemeinsame Aufgabe für alle Generationen.

„Umweltpolitische Themen sind im Kernbereich politischer Gestaltungsverantwortung angekommen."

Kommunikation

Prof. Dr. Claudia Mast ist Inhaberin des Lehrstuhls für Kommunikationswissenschaft und Journalistik der Universität Hohenheim (Stuttgart). Sie ist federführend tätig für die universitäre Aus- und Weiterbildung von Journalisten, PR-Fachleuten und für andere Medienberufe.

Prof. Dr. Claudia Mast
Warum muss „Nachhaltigkeit" anders heißen?

Fragen Sie doch einmal Freunde, Bekannte, Nachbarn oder Kollegen, an was sie denken, wenn sie das Wort „Umwelt" hören? Sie werden Ihnen Begriffe wie Verschmutzung, Ozonloch, Klimakatastrophe, Müll, Natur, Pflanzen, Wälder, Luft oder bedrohte Tiere nennen. Was sie spontan antworten, hängt vor allem von der persönlichen Interessen- und Bedürfnislage ab. Auch aktuelle politische Diskussionen und Medienberichte werden vermutlich Auswirkungen darauf haben, was Sie hören: Stromausfälle, Kernenergie, schmelzende Gletscher, Schadstoffbegrenzungen u.a. Wahrscheinlich werden Sie aber kaum Aussagen zu abstrakten Themen wie Mobilität, Wohlbefinden, Lebensqualität oder gar Nachhaltigkeit bekommen. Mehr noch: Erfahrungsgemäß sagen drei Viertel der Befragten, wenn sie zur „Nachhaltigkeit" als Begriff gefragt werden, offen und ehrlich: „Kenne ich nicht." Nur wenige Befragte vermuten auf intensives Nachfragen, dass dieser Begriff wohl etwas mit Langfristigkeit, Dringlichkeit, Vernunft oder gar Verantwortung zu tun habe. Weit mehr aber meinen, das sei alles Gerede – also inhaltsleere Floskeln. Es ist kein Wunder, denn „nachhaltig" ist heute ja alles geworden: Wir treten „nachhaltig" für etwas ein. Wir verfolgen „nachhaltige" Ziele. Wir weisen „mit aller Nachhaltigkeit" auf etwas hin. Nachhaltigkeit hat sich zu einem Kunstwort oder gar einer Worthülse entwickelt. Der abstrakte Begriff degeneriert zu einem Pflichtbestandteil der politischen Rhetorik, mit dem die meisten Bürgerinnen und Bürger aber nichts anfangen können und den sie sogar inhaltlich weitgehend ablehnen. Wenn ein Begriff derart inflationär verwendet wird und als „intellektuelles Pausenzeichen" missbraucht wird, muss er weg. Die Verwendung in der Alltagssprache zeigt: Das Wort „nachhaltig" ist so diffus und unverbindlich geworden, dass es an beliebiger Stelle in Aussagen ohne Schwierigkeiten platziert werden kann. Wer die Umweltpolitik aber vorantreiben will, muss klipp und klar sagen, was genau er anstrebt – und vor allem wie.

Gründung des „Baden-Württemberg-Programm Lebensgrundlage Umwelt und ihre Sicherung"

Workshop der Umweltakademie: „Sind die Folgen der Klimaveränderungen noch bezahl- und versicherbar?"

Neubau der A 98 Tiengen/West – Tiengen/Ost als einzige Autobahnneubaumaßnahme im Land. Entlastung für Tiengen am Hochrhein

Demografie

Dr. Gisela Meister-Scheufelen wird im Juli 2007 Ministerialdirektorin im Finanzministerium Baden-Württemberg. Seit 2002 war sie Präsidentin des Statistischen Landesamts. Zuvor war sie Staatssekretärin für Wirtschaft und Technologie des Landes Berlin.

„Die demografische Entwicklung hat vielfältige Auswirkungen auf die Inanspruchnahme der Umwelt."

Dr. Gisela Meister-Scheufelen
Welchen Stellenwert hat die Umwelt?

Die demographische Entwicklung im Land hat vielfältige Auswirkungen auf die Inanspruchnahme der Umwelt. Der Anstieg der Einwohnerzahl in Baden-Württemberg hat sich in den zurückliegenden Jahren stark verlangsamt. Aus heutiger Sicht wird sich das Bevölkerungswachstum bis zum Jahr 2011 weiter verlangsamen, danach ist mit einem Rückgang der Einwohnerzahl im Land zu rechnen. Im Zuge dieser Entwicklung beschleunigt sich die Alterung der Gesellschaft. Schon Ende 2000 kam es zur historischen Zäsur, dass erstmals mehr 60-Jährige und ältere Menschen in Baden-Württemberg lebten als unter 20-Jährige. Wenn die Geburtenrate so niedrig bleibt und die Zuwanderung nicht mehr nennenswert zunimmt, lässt sich diese Entwicklung nicht mehr umkehren. Zwar wird die Bevölkerungszahl langfristig zurückgehen, die Zahl der Haushalte dürfte aber im Zuge des Alterungsprozesses weiter zunehmen. Parallel zu diesen gravierenden demografischen Veränderungen hat sich die Inanspruchnahme der Umwelt im Land gemessen an einigen wichtigen Indikatoren sehr unterschiedlich entwickelt. Eine deutliche Abkoppelung von der Bevölkerungsentwicklung gelang beim Trinkwasserverbrauch und bei den Abfällen aus Haushalten. Vergleichbare Erfolge konnten beim Energieverbrauch, bei der Mobilitätsnachfrage und der Flächeninanspruchnahme bislang bei Weitem nicht erreicht werden. In diesen wichtigen Bereichen müssen verstärkt integrierte Maßnahmen des Umweltschutzes zu deutlichen Verbesserungen führen. Der direkte Energieverbrauch der privaten Haushalte im Land hat in den 90er Jahren stark zugenommen. Erst in den letzten Jahren ist in Teilen eine Trendumkehr erkennbar. Bezogen auf den Flächenverbrauch ist noch keine Trendwende sichtbar. Zuletzt hat die Siedlungs- und Verkehrsfläche um über neun Hektar täglich zugenommen, d. h. um 13 Fußballfelder pro Tag. Im Zuge des fortschreitenden demografischen Alterungsprozesses und der tendenziell steigenden Haushaltszahl ist eine spürbare Verringerung der Flächeninanspruchnahme durch private Haushalte notwendig.

Raumfahrt

Prof. Dr. Ernst Messerschmid, Ordinarius am Institut für Raumfahrtsysteme der Universität Stuttgart, war 1985 bei der Spacelab-Mission D1 mit dem Spaceshuttle Challenger im Weltraum. Er leitete von 2000 bis Ende 2004 das Europäische Astronautenzentrum der ESA in Köln.

Prof. Dr. Ernst Messerschmid
Wie sieht die Erde aus?

Das Bild der blauweiß marmorierten Erde, vom Mond aus fotografiert, hat sich wahrscheinlich mehr als alle anderen Erkenntnisse der Raumfahrt unserem Bewusstsein eingeprägt. Als ich selbst einen Blick von oben auf unseren Planeten werfen durfte, war ich fasziniert vom Schwarz des Weltalls mit der darin schwebenden Erde: Im Licht der Sonne leuchtet sie in hellen Farben; Kontinente, Gebirge, Flüsse und große Wolkenfelder geben ihr Konturen. Die Ozeane erscheinen unendlich groß. Ohne zu flimmern strahlen die Sterne unglaublich klar aus dem schwarzen Nichts. Sehr schnell umrundet das Raumschiff die Erde. Länder, deren Grenzen man nicht sieht, sind in Minuten überflogen. Wandert der Erdschatten nach Westen, so werden in seinem Gefolge in jeder Sekunde Millionen von Lichtern eingeschaltet. Ganze Regionen erstrahlen, Küstenlinien funkeln, gleichsam Perlenketten, die in unregelmäßigen Abständen noch mit glitzernden Juwelen besetzt sind: große Städte, Ausdruck für Leben, Energie und Wohlstand. Nur wenig später, wenn aus Sicht des Astronauten die Sonne hinter dem Horizont versinkt, zeigt sich eine fragil erscheinende, hauchdünne blaue Schicht – unsere Atmosphäre. Die Raumfahrt ermöglicht neue – ebenso fantastische wie nachdenklich machende – Perspektiven, die in kritische Fragen münden. Wie ist die zunehmende Nachfrage nach Energie in Einklang zu bringen mit einer unbelasteten Atmosphäre, wie Wohlstand für alle Regionen der Erde mit der Erhaltung eines intakten „Heimatplaneten"? Uns muss klar werden, dass der Weg in die Zukunft nur durch einen grundlegenden Prozess des Umdenkens und Handelns möglich ist – und dieser heißt Innovation, beginnt mit Forschung, führt zu neuem Wissen und meist zu Einsichten und hoffentlich bald zu Maßnahmen für eine lebensfreundliche Umwelt.

„Die Raumfahrt ermöglicht neue – ebenso fantastische wie nachdenklich machende – Perspektiven, die in kritische Fragen münden."

Ethik

Prof. Dr. Dietmar Mieth lehrt Theologische Ethik und Sozialethik an der Universität Tübingen, wo er das Zentrum „Ethik in den Wissenschaften" aufgebaut hat. Er arbeitet in einigen bedeutenden Ethik-Kommissionen im In- und Ausland.

In der christlichen Soziallehre sind die Prinzipien – Person und Menschenwürde, Gerechtigkeit und Solidarität, Gemeinwohl – inzwischen um die Perspektive der Nachhaltigkeit ergänzt worden. Es geht darum, künftigen Generationen so viel Handlungsfähigkeit zu erhalten, wie sie brauchen, um mit den Problemen umgehen zu können, die wir ihnen hinterlassen. In Umweltfragen wird immer deutlicher, dass wir auf die Entsorgbarkeit unserer Handlungsfolgen achten müssen. Das wichtigste Kriterium dafür lautet: Man soll Probleme nicht so lösen, dass die Probleme, die aus der Problemlösung entstehen, größer sind als die Probleme, die gelöst werden. Dies ist eine Formulierung des Vorsichtsprinzips, das immer mehr die Technikfolgenabschätzung und das in ihr enthaltene Moment der Ungewissheit von Risiken zu beachten versucht. Insbesondere ist darauf zu achten, dass Voraussagen zutreffen, damit nicht mit der „normativen Kraft des Fiktiven" Lösungen ohne Berücksichtigung ihrer Folgen und Beschönigung ihrer Wirkungen umgesetzt werden. Nachhaltigkeitsprinzip und Vorsorgeprinzip enthalten auch Rechtsfolgen, da damit die Rechte zukünftiger Personen einbezogen werden. Da wir dies auch in anderen Fragen, etwa der Forschungs-, Gesundheits- und Ernährungspolitik, längst als Begründung unseres Handelns benutzen, ist es angemessen, auch in der Umweltpolitik darauf zu achten. Dabei stellen sich drei große Probleme konkreter Sozialethik: das Globalisierungsproblem, das Abwägungsproblem und das Motivationsproblem. Maßnahmen zum Schutze der Umwelt bedürfen globaler Verpflichtung und Kontrolle, dennoch sollte jeder bei sich selbst anfangen. Ferner müssen die Maßnahmen mit anderen schutzwürdigen Gütern und Rechten abgewogen werden, wobei die Priorität für das Umweltgut ständig wächst. Schließlich braucht man für die Motivation der Bürger und Bürgerinnen ein System der Förderung und Forderung.

„Man soll Probleme nicht so lösen, dass die Probleme, die aus der Problemlösung entstehen, größer sind als die Probleme, die gelöst werden."

Prof. Dr. Dietmar Mieth
Umwelt – auch eine ethische Frage?

Stiftungen

Seit 2005 ist Herbert Moser Geschäftsführer der Landesstiftung Baden-Württemberg. Der ehemalige SPD-Landtagsabgeordnete studierte Biologie und Sport. Er ist ehemaliges Mitglied der deutschen Leichtathletiknationalmannschaft und des Olympiakaders 1968 und 1972.

Herbert Moser
Kostet Nachhaltigkeit zu viel Geld?

Welch eine Frage. Ja, natürlich kostet Nachhaltigkeit zu viel Geld. Welch destruktive Antwort auf eine Frage, die sich von selbst beantwortet. Doch halt: zu viel, weil man zu wenig hat? Die Frage erinnert an Heine, der beklagte, dass Gott zu wenig Geld erschaffen habe. Als Heine noch lebte, mag dies richtig gewesen sein, heute stimmt dies sicher nicht mehr. Und doch, die Landesstiftung hat zu wenig davon. Ich höre schon das Raunen. Ausgerechnet, 2,6 Milliarden Euro Kapital und 50 Millionen Euro jährliche Projektmittel, aber zu wenig Geld! Uns geht es wie allen, nur, wir sind gelebte Nachhaltigkeit. Hätten wir kein Stiftungskapital, könnten wir nichts erwirtschaften. Würden wir es nicht vermehren, könnten wir nicht fördern, wäre die Zukunft etwas ärmer. Und wäre das Geld im Staatshaushalt – ehrlich – es wäre weg, längst schon. Das große Thema heute ist das Klima. Zwar verändert es sich seit der letzten Eiszeit permanent und wärmer wurde es seither auch, aber nun geht alles viel zu schnell – mit unabsehbaren Folgen. Hoffentlich reagieren die Politik, der Gesetzgeber, die Wirtschaft, die Wissenschaft, wir alle jetzt schnell auf diese Herausforderung. Die Stiftung jedenfalls ist mit dabei. Seit drei Jahren geben wir drei Millionen Euro für Energieeinsparungen im Projekt Umwelt und Vereine. Fazit: über 60.000 Tonnen weniger CO_2 pro Jahr. Zudem stecken wir eine Million Euro in die Verkleinerung der Brennstoffzelle. Neu aufgelegt wird ein Programm zur energetischen Nutzung von Biomasse mit vier Millionen Euro. Und im Forschungsbereich sind weitere Umweltprojekte zu finden. Zudem, da wir eine Stiftung sind, die nicht im Sinn hat sich aufzulösen, werden wir in den kommenden Jahren mit dabei sein, für die nachhaltige Rettung unserer Umwelt. Zugesagt.

Ulrich Müller wird Minister für Umwelt und Verkehr

Gründung eines Büros für die „Agenda 21" bei der Landesanstalt für Umweltschutz

Start des Förderprogramms „Schule auf Umweltkurs/ Ökoaudit an Schulen"

Beginn des Projektes „Klimaveränderung und Konsequenzen für die Wasserwirtschaft "

Politik

Ulrich Müller ist seit 1992 ununterbrochen in der Landesumweltpolitik engagiert: als Mitglied (seit 2006 Vorsitzender) im Umweltausschuss des Landtages, als Staatssekretär und als Minister (1996 bis 2004) für Umwelt und Verkehr.

Ulrich Müller
Umwelt – ein Alltagsthema?

Das ist Umweltpolitik nicht. Ob sie ein Thema ist, hängt von vielen Umständen ab: von Verantwortung, Sorgen, Ängsten, von Betroffenheiten, von Engagement, Moden, Erkenntnissen und der Konkurrenz mit anderen Themen. Augenblicklich erleben wir, dass ein Umweltthema sich (zu Recht) besonders durchsetzt – der Klimaschutz. Meine Vermutung ist: Umweltpolitik kommt wieder, weil Probleme ungelöst sind. Alltäglich ist es auch nicht, wie Umweltpolitik gemacht wird. Die Mischung von Gutmenschentum, wissenschaftlichen Erkenntnissen, ökonomischen Interessen, Instrumentalisierung des Themas für andere Zwecke führt dazu, dass Naturwissenschaften relativ wenig beitragen. Wir sollten einen Grundsatz beherzigen: Was naturwissenschaftlich belegbar ist, muss politisch anerkannt werden. Wir haben die Pflicht zur Ratio und zur langfristigen Verantwortung. Alltäglich ist auch nicht der Wechsel der politisch-administrativen Methoden. Es gab schon alles: Aufregungszyklen und Ideologien, programmatisches Handeln, Subventionspolitik, Anreizsysteme, marktwirtschaftliche Instrumente, Konsensstrategien und Selbstverpflichtung, Sanktionen und Bürokratien. Auch hieraus können wir lernen: Die Ziele müssen fixiert und notfalls hoheitlich durchgesetzt werden. Die Ziele von der Politik, die Wege vom Markt – das wär's. Alltäglich kann Umweltpolitik sein, weil sie mit dem Alltag der Menschen zu tun hat, weil sie sich über viele Lebensbereiche und alle politischen Ebenen hinzieht. Große Probleme kann man nur mit großen Hebeln lösen. Das heißt für die Zukunft: Wir brauchen vor allem eine Verknüpfung von Außen-, Welthandels-, Entwicklungs-, Energie- und Umweltpolitik. Und wir brauchen die vielen kleinen praktischen Schritte vor Ort, die diese besagte Politik innenpolitisch mehrheitsfähig machen. Es ist schon wahr: global denken und lokal handeln. Nicht alltäglich ist schließlich: Auch „Schwarze" können gute grüne Politik machen. Man nehme die Fakten in unserem Land zur Kenntnis.

„Wir haben die Pflicht zur Ratio und zur langfristigen Verantwortung."

**Susanne Offenbach ist Fernsehjournalistin, Autorin und Kolumnistin von „Sonntag Aktuell".
Ihre Filme, Kolumnen und Bücher spiegeln nicht nur Land und Leute der Region wider. Im Haus
der Geschichte präsentiert sie in einer Matinee bedeutende „Zeitzeugen".**

„Wer kann 90 Jahre vorausehen,
und das auch noch in Prozenten?"

Susanne Offenbach
Umwelt – ein Aufregerthema?

Es gibt Interessen, das Thema „Umwelt und Klima" auf höchster Flamme zu kochen. Wie kommt man an den nächstgrößeren Rechner, an ein teures Forschungsschiff oder eine üppig ausgestattete Messstation? Kaum durch ruhiges Argumentieren, eher mit der großen Glocke. Die liegt auch den Medien. Wenn Greenpeace und der Dachverband der Erneuerbare-Energien-Industrie in Brüssel eine Studie vorstellen zur Abwendung des drohenden Klimawandels, dann wird mehr über diese Tatsache geschrieben, als ihr Inhalt analysiert. Ziemlich vage wird vorhergesagt. Viele Schlagworte, wenig Fakten. Wie auch? Wer kann 90 Jahre vorausehen, und das auch noch in Prozenten? Was machen wir Laien damit? Nichts. Und deshalb sollten wir uns auch nicht deprimieren lassen. Vor allem aber nicht noch selbst mit hängendem Kopf oder drohender Miene nachreden, was

irgendwo von irgendwem behauptet wird. Wenn ihn alle im Mund führen, den Klimawandel als Katastrophe, dann wird er auch eine – zumindest im übertragenen Sinn. So vergiftet man das gesellschaftliche Klima, lähmt die Zuversicht, die wir alle für die Zukunft brauchen. Worüber sollen wir uns pausenlos Sorgen machen? Jedenfalls nicht schon über Spekulationen und diffuse Ängste. Verschwenderisches Verhalten können und sollten wir ändern. Aber warum sollten wir Untergangspropheten nachreden, die keine belastbaren Beweise bieten? Ihnen gelten Gegenmeinungen als unmoralisch, begründete Skepsis als vorgestrig. Die Katastrophe duldet keinen Widerspruch. Denn der „bedrohliche Klimawandel" stattet ja auch mit Macht aus: mit Wählerstimmen, öffentlicher Aufmerksamkeit, akademischer Reputation, Geld und Positionen. Zur Not sind dafür auch falsche Thesen richtig. Und – das gilt für Medien wie früher für die Märchen – vom Grusel lässt sich aufreizend erzählen. Schauer kann schöner sein als Wahrheit.

Lebensstil

Prof. Dr. Horst W. Opaschowski ist Zukunftswissenschaftler und Berater für Wirtschaft und Politik. Er ist Leiter der Stiftung für Zukunftsfragen in Hamburg, die die Projekte des BAT Freizeit-Forschungsinstituts weiterführt. Außerdem ist er ein viel gefragter Referent, u. a. beim 10. Mainauer Mobilitätsgespräch.

„Der aufwendige Lebensstil des im Norden der Erde lebenden reichen Fünftels der Weltbevölkerung muss freiwillig begrenzt werden."

Prof. Dr. Horst W. Opaschowski
Zu bequem für die Zukunft?

Jahrhundertelang traten die Menschen als Eroberer und Kolonisatoren der Biosphäre auf. Und mit der Entwicklung der Industriegesellschaften war immer auch die Ausbeutung der Natur verbunden. Doch in Unfrieden mit der Natur leben und tieferes Umweltbewusstsein schließen sich gegenseitig aus. Und marginale Korrekturen reichen längst nicht mehr aus. Die Bewältigung der Umweltprobleme verlangt ein verändertes Verhalten und ein neues Denken. Wir müssen einsehen lernen, dass hinter der Umweltkrise letztlich unsere eigene Krise steht. Wir müssen unterscheiden lernen zwischen oberflächlichem Umweltdenken und tieferem Ökologiebewusstsein:
· Das oberflächliche Umweltdenken gibt sich schon mit marginalen Verbesserungen zufrieden
· Das tiefere Ökologiebewusstsein aber sorgt sich um tiefgreifende Veränderungen in den Einstellungen und
  Verhaltensweisen der Menschen selbst
Weder Abgas- noch Geschwindigkeitsbegrenzungen oder Verbote werden die Umweltprobleme lösen können, sondern nur der verantwortliche, der sanfte Umgang jedes Einzelnen mit Natur und Umwelt und die Bereitschaft, auch Verzicht zu üben. Wir müssen nicht nur unsere Anschauungsweise, sondern auch unsere Lebensweise verändern. „Wir" – das ist in erster Linie die Bevölkerung in den westlichen Industrieländern, die ihren Lebensstil ändern muss. Der aufwendige Lebensstil des im Norden der Erde lebenden reichen Fünftels der Weltbevölkerung muss freiwillig begrenzt werden. Die übermäßige Kauflust und die sich ständig steigernde Mobilität mit entsprechendem Ressourcen- und Energieverbrauch kann zur größten Bedrohung von Natur und Umwelt werden. Jenseits der Wohlstandsgrenze leben Millionen von Menschen unter dem Existenzminimum, während viele Menschen im Westen ihr Selbstwertgefühl mit ihren Konsummöglichkeiten verwechseln. „Wir" müssen in Zukunft unsere eingefahrenen Lebensgewohnheiten grundlegend verändern.

International

Cüneyt Özadali arbeitet in der Redaktion SWR-International in Stuttgart, deren Sendungen er auch moderiert. Das multikulturelle Hörfunkteam betreut Themen wie Einwanderung, das Zusammenleben von Menschen aus verschiedenen Ländern sowie Integration und Migration.

„Auf meinem Balkon trinke ich meinen Tee in einer romantischen Atmosphäre zwischen Sonnenuntergang und gelben Säcken."

Cüneyt Özadali
Sind die Deutschen in Umweltfragen zu pingelig?

Zugegeben – Mülltrennung ist wichtig, aber sollten wir dabei von gelben Säcken, Altpapier-, Bio-, Restmülltonne belagert werden? „Ja", sagt Herr Öztürk kompromisslos. Er arbeitet bei der städtischen Müllabfuhr und wenn wir uns zufällig treffen, beschwert er sich, dass er wieder einmal in der Biotonne eine Nylontasche gefunden hat. Wenn es um Abfall geht, ist er schwäbisch-akkurat. Manchmal habe ich den Eindruck, die Umweltvorschriften enthalten einen Öztürk-Faktor. „Trotzdem will ich nicht von Mülltonnen umzäunt sein", sage ich. Auf meinem Balkon trinke ich meinen Tee meistens in einer romantischen Atmosphäre zwischen Sonnenuntergang und den gelben Säcken. Und wenn meine Freunde mich besuchen, dann begrüßt sie zuerst meine Tonne für das Altpapier am Eingang. Eine Tafel Schokolade für die Kleinen artet zu einem Umweltkurs aus: „Nein, Selin, du sollst das Papier nicht in den Restmüll werfen. Wie haben wir es gelernt?" Und wenn meine Frau mich dann bittet: „Schatz, bist du so lieb und bringst den Müll raus?", ist es wie ein Ratespiel: „Meinst du den Bio-, den Restmüll, den gelben Sack oder die alten Tageszeitungen?" Und für diese Vorarbeit zahlt man noch dazu eine saftige Abfallgebühr. Da sagt Herr Öztürk: „Wieso beschweren Sie sich denn? Kaufen Sie doch umweltbewusster ein", fügt er hinzu und kontrolliert dabei mit einem Gerät meinen Biomüll. Das Gerät piepst: „Da ist ein Problemstoff drin, holen Sie das raus, sonst kann ich leider Ihren Müll nicht entleeren", sagt er mit einem kritischen Blick. „Das ist die Höhe", denke ich. Aber Öztürk legt nach: „Übrigens – wann verkaufen Sie denn endlich ihre alte Kiste. Der verpestet ja die Luft", lacht und springt auf den Müllwagen hinauf und ruft mir nach: „Werden Sie doch zum Umweltengel und nicht zum Umweltsünder."

Eltern

Elke Picker war Richterin am Landgericht Bonn. Nach ihrem Ortswechsel war sie von 1999 bis 2005 Vorsitzende des Landeselternbeirats Baden-Württemberg. Seit 2003 ist sie Vorsitzende der Gemeinnützigen Elternstiftung Baden-Württemberg. Elke Picker hat vier Kinder, davon ist eines schwerbehindert.

Elke Picker
Was tun wir für die Zukunft unserer Kinder?

Eltern haben für Gegenwart und Zukunft in besonderer Weise Sorge zutragen: Sie leben durch ihre Kinder gleichsam über ihr eigenes Leben hinaus. Veränderungen der Umweltbedingungen wie die Überalterung in den westlichen Ländern, die Überbevölkerung in anderen Teilen der Erde, der dramatische Umschwung des Klimas mit den vielfachen Auswirkungen auf die Natur, nicht zuletzt aber auch neuere Formen des Miteinanders der Menschen beschäftigen und beunruhigen deshalb Eltern elementar. Ihre einzige, aber wirksame Möglichkeit, auf dieses Geschehen Einfluss zu nehmen, ist die Erziehung und Bildung der Kinder. Zwar steht ihnen dabei der Staat als Partner zur Seite, vor allem durch gute Kindertagesstätten und Schulen. Den entscheidenden Beitrag zu der Zukunftsgestaltung ihrer Kinder haben aber Eltern selbst zu erbringen: Sie sind verantwortlich für eine Erziehung und Bildung, die ihre Kinder befähigt, ihr Leben in der sich verändernden Welt erfolgreich und lebenswert für sich und ihre Mitmenschen zu gestalten, zugleich aber auch auf diese Änderungen Einfluss zu nehmen zugunsten einer zunehmend menschlichen Welt. „Erziehung ist Beispiel und Liebe – sonst nichts" (Fröbel). Deshalb müssen Eltern ihren Kindern zuallererst Vorbild sein, Vorbild im kleinen Alltäglichen, aber auch im Grundsätzlichen. Liebende Eltern erziehen und bilden, indem sie ihren Kindern die Augen öffnen für die Schönheit und den Wert der Welt, in der sie leben. Sie erziehen sie so zu eigener Mitverantwortlichkeit für die Umwelt und die Schöpfung. Und sie bilden sie durch diese Erziehung zu selbstbewussten Persönlichkeiten, die sich vor den Problemen der Umwelt weder in fatalistische Passivität noch in planlosen Aktionismus flüchten. Sie erziehen und bilden sie dazu, die Welt mit ihren Veränderungen zu meistern.

„Liebende Eltern erziehen und bilden, indem sie ihren Kindern die Augen öffnen für die Schönheit und den Wert der Welt, in der sie leben."

Entwicklungshilfe

Franz Pitzal ist katholischer Pfarrer in Renningen und Initiator der bekannten Renninger Krippe, mit der Menschen in der Dritten Welt unterstützt werden.

Franz Pitzal
Gut leben – auf wessen Kosten?

Bei meinen Besuchen von Projekten in der Dritten Welt fiel mir etwas auf: In den Läden wird längst nicht mehr in Papier eingepackt, sondern alles kommt in Plastiktüten. Die Herstellung von Plastiktüten geht nur über technische Hochleistungen. Die billige Massenware kommt zu den Verkaufsstellen. Der Käufer weiß nicht, was er mit der gebrauchten Tüte anfangen soll. Zunächst wird sie noch weiter verwendet, doch durch die Überfülle hat sich dies schnell geändert. Was passiert mit den Plastiktüten? Zu meiner Überraschung kam ich in einen kleinen Wald, dessen Bäume mit Plastiktüten eingehüllt waren. Ein sonderbares, fast schönes Bild. Ungewohnt für einen Europäer. Dahinter verbirgt sich aber Verantwortungslosigkeit, Umweltverschmutzung, Zerstörung der Natur mit katastrophalen Auswirkungen. Wenn der Wind kommt, werden die Tüten über das ganze Land verstreut. Es sind so viele, dass selbst mit Sammelaktionen nicht mehr alle eingesammelt werden können. Wohlstand und Armut liegen so nah beieinander. Niemand ist gewillt, die Natur zu schützen und damit auch ein Stück Zukunft zu sichern. Ähnliches erlebte ich auf den Müllplätzen. Ich erinnere mich, wie die Menschen am Stadtrand von Khartoum, der sudanesischen Hauptstadt, in den stinkenden Müllbergen herumwühlten und nach Brauchbarem oder Wiederverwertbarem suchten – und sich mit dem Gefundenen eigentlich nur selbst Schaden zufügten. Nach Verantwortung fragen weder die Verwaltung noch die „Müllmenschen". Wie kann hier aufgeklärt werden? Jeder möchte gut leben. Die Großen möchten viel verdienen und ihren Wohlstand sichern, die Kleinen möchten für das Wenige, das sie erwerben, keine Verantwortung übernehmen zum Schutz der Umwelt. Mit dem Bau der Renninger Krippe versuchen wir in jedem Jahr durch die Spenden in der Dritten Welt Hilfe für eine verantwortungsbewusste Selbsthilfe zu geben. In jedem Jahr geht die Hilfe in ein anderes Land.

Start des EnergieSparChecks für Haus- und Wohnungseigentümer

Die integrierende Konzeption Neckar-Einzugsgebiet (IKoNE) gleicht unterschiedliche Interessen unter gleichrangiger Berücksichtigung ökologischer und ökonomischer Aspekte aus

Start des 3-Löwen-Takts

Orkan „Lothar" wütet mit bisher nicht gekannter Heftigkeit in Baden-Württemberg

Gründung der Internationalen Länderkommission Kerntechnik

Sechsstreifiger Ausbau der A 81 zwischen Feuerbach und Leonberg einschließlich des Engelbergtunnels

Albrecht Puhlmann ist seit der Saison 2006/2007 Intendant der Staatsoper Stuttgart. Zuvor war er fünf Jahre in derselben Funktion in Hannover. Puhlmann hat Musikwissenschaft, Philosophie und Literaturwissenschaft studiert. Er arbeitete als Dramaturg u. a. am Theater Basel, wo er auch zwischen 1996 und 2001 Operndirektor war.

> „In den vergangenen Jahrzehnten hat sich die Naturzerstörung dramatisch verschärft, Mutter Erde fiebert – und leugnen des Warum und Wieso geht nicht mehr."

Albrecht Puhlmann
Zukunft – ein Stoff für die Oper?

Wohin mit Mensch und Tier? Der Eisbär findet seine Eisscholle nicht mehr, der Aal verlässt die Nordsee, die Gottesanbeterin gibt's jetzt in Berlin und Krokusse blühen schon im Januar – wie die Forsythien in unseren Gärten. Ach: und der Elch, der Trauerschnäpper oder der Kehlstreifpinguin … woher – wohin! Der Klimawandel ist in aller Munde, zu Recht und endlich. Wir können nicht sagen, wir hätten es nicht gewusst. In den vergangenen Jahrzehnten hat sich die Naturzerstörung dramatisch verschärft, Mutter Erde fiebert – und leugnen des Warum und Wieso geht nicht mehr. Das macht hoffen und hilft, wenn wir der Verzweiflung nahe kommen, bei der Frage: Wohin mit Mensch und Tier? Der Klimawandel ist – so Harald Welzer – die größte soziale Herausforderung der Moderne – insbesondere deshalb, weil die Frage unausweichlich wird, wie mit den Massen von Flüchtlingen zu verfahren sein wird, die

dort, wo sie herkommen, nicht mehr existieren können und an Überlebenschancen in den (auch klimatisch) privilegierten Ländern teilhaben möchten. Die Verzweiflung schließt den Gedanken ein, dass es möglich sein könnte, Zukunft zu gestalten. Was heute also noch undenkbar scheint, muss gedacht werden: eine globale Kultur der Partizipation. Der Mensch „besitzt" die Erde und ist dabei, sie und damit sich zu zerstören. Daher müsste ein „Menschenrecht" der Natur auf Leben ausgerufen werden. Was das mit unserer Arbeit an der Oper zu tun hat? Selbstverständlich kann das Rettende nicht von der Oper kommen, sehr wohl aber die immer neue Verständigung darüber, was der Mensch ist und wie wir leben wollen. Auf diese Frage gibt sie seit nun 400 Jahren eine Antwort, die die Maxime unserer Arbeit ist: Dass das Leben selbst heilig ist – damit fängt es überhaupt an.

Gleichgewicht

Dr. Franz Josef Radermacher ist Professor für Informatik an der Universität Ulm und Leiter des „Forschungsinstituts für anwendungsorientierte Wissensverarbeitung/n". Er ist Mitglied des Club of Rome und engagiert sich im „Global Marshall Plan" für eine zukunftsfähige Gestaltung der Globalisierung.

Prof. Dr. Dr. Franz Josef Radermacher
Ökosoziale Marktwirtschaft – ein neues Zauberwort?

Die nachhaltige Entwicklung ist eine globale Herausforderung und erfordert ein Abkommen zwischen Nord und Süd, das die Durchsetzung strikter Regeln zum Schutz der Umwelt und Vereinbarungen über weltweite Entwicklungsprozesse, zur Überwindung von Armut und zur Herbeiführung weltweiter Gerechtigkeitsanliegen miteinander verbindet. Gelingt dies nicht, drohen ein ökologischer Kollaps oder aber Gewaltanwendung und sozialer Rückbau im Kontext einer Brasilianisierung/Ökodiktatur zu Gunsten weniger Profiteure und zu Lasten aller übrigen Menschen (Neo-Feudalismus). Tatsächlich laufen die aktuellen Globalisierungsprozesse seit Anfang des Jahrhunderts eher in diese Richtung. Die auch vorhandenen positiven Aspekte der heutigen Globalisierungsprozesse sind insofern zu teuer erkauft worden, nämlich sowohl mit einer zunehmenden sozialen Spaltung in Nord und Süd als auch mit einem drohenden weltweiten ökologischen Desaster.

Dies ist im Wesentlichen eine Folge eines unzureichenden globalen ökonomischen Designs. Globalisierungsgestaltung wird deshalb zu einer Schicksalsfrage für die Menschheit. Hoffnung gibt das Konzept einer ökosozialen Marktwirtschaft, wie es in vernünftigen Staaten und supranational in der EU verankert ist. Es ist dies ein Konzept des Gleichgewichts, der Balance, basierend auf einer gut durchdachten Kombination von Rahmenbedingungen und Wettbewerb. Dieses Konzept gilt es nun auf den Globus zu extendieren, z.B. mit Hilfe eines Global Marshall Plans als ersten Schritt. Das ökosoziale Modell führt zu weltweitem Wachstum, aber dematerialisiert. Der technische Fortschritt in Verbindung mit marktbasierten asymmetrischen Wachstumsprozessen in Nord und Süd eröffnet dabei eine Perspektive für Zukunftsfähigkeit und für ein Weltwirtschaftswunder, das kompatibel ist mit dem Schutz der Umwelt.

„Die positiven Aspekte der Globalisierungsprozesse sind zu teuer erkauft worden, nämlich sowohl mit einer zunehmenden sozialen Spaltung in Nord und Süd als auch mit einem drohenden weltweiten ökologischen Desaster."

Abschlussbericht zur „Grenzübergreifenden Luftqualitäts-analyse am Oberrhein" im Rahmen des Europa-Projekts Interreg II

Erster Lärmkongress in Baden-Württemberg

Der „Stuttgarter Viehtrieb" wirbt für Umweltvorsorge, Regionalwirtschaft und Lebensmittelqualität

Der erste Umweltplan des Landes wird veröffentlicht

Landwirtschaft

Der gelernte Winzermeister Werner Räpple ist Präsident des Badischen Landwirtschaftlichen Hauptverbandes e. V. (BLHV) mit Sitz in Freiburg. Der BLHV vertritt die berufsständischen Interessen aller Landwirte im Haupt- und im Nebenerwerb in Südbaden.

Werner Räpple
Nachhaltigkeit auf dem Bauernhof?

Land- und Forstwirtschaft ist gelebte Nachhaltigkeit. Der Bauernhof ist standortgebundener Arbeits- und zugleich Lebensraum. Bäuerliche Familien schöpfen ihre wirtschaftlichen Grundlagen aus dem, was Generationen vor ihnen geschaffen und bewahrt haben. In der Waldwirtschaft ist das besonders offenkundig. Auch ein schnellwüchsiger Baum erreicht erst in der dritten Waldbauerngeneration seine Erntereife. Acker- und Grünland haben „ein langes Gedächtnis". Fehlverhalten im Umgang mit den wenigen Zentimetern fruchtbaren Mutterbodens beeinträchtigt den Aufwuchs und die Ernte. Standortangepasste Anbauverfahren, bedarfsgerechte Düngung, umweltschonender Pflanzenschutz und fortschrittliche Landtechnik unterstützen das bäuerliche Bemühen, die Bodenfruchtbarkeit stetig zu verbessern. Das liegt im wirtschaftlichen Eigeninteresse der Betriebe. Auch in der Tierhaltung gilt der Grundsatz der Nachhaltigkeit. Leistungsfähigkeit und Fruchtbarkeit der Nutztiere hängen maßgeblich von deren Wohlbefinden ab. Nachhaltigkeit ist bäuerliche Tugend. Sie gründet auf Vielfalt. Das hat positiven Einfluss auf das in Jahrhunderten entstandene Landschaftsbild und auf Artenreichtum. Kleinstrukturen und auch der Streuobstbau sind eine wirtschaftliche Belastung. Steigender Wettbewerbsdruck gefährden Vielfalt und Kleinstrukturen. Die Pflege landschaftlicher und ökologischer Kleinode findet keinen Niederschlag in den durch Marktleistungen erzielbaren Einkommen. Soll Baden-Württemberg ein Wohlfühlland bleiben mit all seiner Vielfalt an Landschaftsbildern und an Tier- und Pflanzenarten, müssen Land- und Forstwirte verlässlich und angemessen für ihre Pflegeleistungen vergütet werden. Geben immer mehr Betriebe auf, leiden darunter die Dörfer, die Kulturlandschaft und die Artenvielfalt.

Vereine

Dr. med. Hans-Ulrich Rauchfuß ist Präsident des Schwäbischen Albvereins mit Sitz in Stuttgart. Mit rund 120.000 Mitgliedern ist der Verein der größte europäische Wanderverein. Rund 600 Ortsgruppen bieten Erholung, Entspannung und Geselligkeit. Der Schwäbische Albverein betreibt neben dem Wandern schwerpunktmäßig Naturschutz und widmet sich ebenso der Erhaltung und Pflege der regionalen Kultur.

Dr. Hans-Ulrich Rauchfuß
Gemeinsam die Natur entdecken?

Vom Präsidenten eines Wandervereins wird ein klares „Ja" auf diese Frage erwartet. Selbstverständlich bieten wir in unseren Ortsgruppen eine große Anzahl Wanderungen an. Gut ausgebildete Wanderführer geleiten Woche für Woche Mitglieder und Nichtmitglieder auf sicheren Wegen in unserer Heimat. Mit Gleichgesinnten wird die Natur entdeckt und erlebt. Unsere Wanderführer kennen die Schönheiten und Sehenswürdigkeiten unserer Heimat. Die Teilnehmer der geführten Wanderungen erfahren vieles unter anderem über Fauna, Flora, Geologie und Kultur. Der Aufenthalt in der Natur wird dadurch zu einem besonderen Erlebnis. Interessierte haben die Möglichkeit, z.B. die Namen der Pflanzen zu erfahren. Wenn sachkundige Pflanzenkenner bei einer Wanderung dabei sind, kann die Unterscheidung der einzelnen Arten vermittelt werden. Kinder lernen hierbei sehr viel. Auch die Schutzbedürftigkeit der Lebewesen kann dadurch vermittelt werden. Ein verantwortungsvolles Bewusstsein für unsere Umwelt lässt sich in der Gemeinschaft gut entwickeln. Das Angebot des Schwäbischen Albvereins beschränkt sich nicht nur auf die Wanderungen mit den Ortsgruppen, sondern unterstützt auch das individuelle Wandern als kleine Gruppe oder als Einzelgänger. Ein systematisch ausgebautes und logisch beschildertes Wegenetz führt durch die Natur und sicher ans Ziel. Gute und umfangreiche Wanderliteratur erleichtert die Auswahl und die Durchführung einer Tour. Wanderberatung durch unsere Hauptgeschäftsstelle und per Internet erfüllt die Erwartung der heutigen Ansprüche.

„Schutzbedürftigkeit der Lebewesen kann vermittelt werden."

Globalisierung

Prof. Dr. Ortwin Renn ist Vorsitzender des Nachhaltigkeitsbeirats Baden-Württemberg. Am Institut für Sozialwissenschaften der Universität Stuttgart leitet er die Abteilung für Technik- und Umweltsoziologie.

„Zukunftsbilder sind Produkte eines Dialogs zwischen Politik, Wissenschaft, Wirtschaft und Zivilgesellschaft."

Prof. Dr. Ortwin Renn
Ist die Globalisierung Chance für eine nachhaltige Entwicklung?

Die Zukunft Baden-Württembergs wird durch vier globale Trends mitbestimmt, die alle die Umwelt- und Lebensqualität beeinflussen.

· Während die Bevölkerung der Erde jedes Jahr um 85 Millionen Menschen wächst, nimmt sie in Deutschland stetig ab. Dabei wächst der Anteil der über 60-Jährigen.

· Was wir im Land tun, hat globale Auswirkungen. Was global passiert, wirkt sich auf uns aus. Das gilt vor allem für Wirtschaft, Handel und Kommunikation.

· Die Summe allen Wissens hat sich in den letzten Jahrzehnten exponentiell vermehrt, seine Halbwertszeit ständig verringert. Ohne stetige Erneuerung des eigenen Wissens ist die wirtschaftliche Zukunft weder individuell noch in der Gesellschaft zu meistern.

· Die moderne Gesellschaft hat Möglichkeiten der Individualisierung geschaffen – mit positiven, aber auch negativen Folgen. Die natürlichen Überlebensgrundlagen sind gefährdet. Die Effizienz der Produktion wird durch sinnentleerte und entfremdete Arbeitsbedingungen erkauft und die integrale Persönlichkeit durch extern bestimmtes Rollenverhalten ersetzt. Individualismus und authentisches Leben sind zwar wichtig, aber gleichzeitig besteht der Bedarf nach kollektiver und kultureller Geborgenheit.

Um diesen Spannungen gerecht zu werden, bedarf es eines gesellschaftlichen Diskurses über die Zukunft der technikorientierten Industriegesellschaft. Als neues Leitbild ist das Konzept einer nachhaltigen Entwicklung besonders geeignet. Es umfasst eine sozialverträgliche Entwicklung im Einklang mit ökologischen Randbedingungen und wirtschaftlichen Notwendigkeiten. Wichtig ist, dass sich die Bürgerinnen und Bürger kreativ einbringen können. Zukunftsbilder sind nicht von oben zu verordnen und können nicht durch die Wissenschaft erstellt werden. Sie sind Produkte eines Dialogs zwischen Politik, Wissenschaft, Wirtschaft und Zivilgesellschaft.

Genuss

Alfred T. Ritter ist Vorsitzender der Geschäftsführung der Schokoladenfabrik Alfred Ritter GmbH & Co. KG in Waldenbuch. Der Enkel des Firmengründers ist für sein Engagement in ökologisch orientierter Technik schon mehrfach ausgezeichnet worden.

Alfred T. Ritter
Nachhaltigkeit – die Quadratur des Kreises?

Wir bei Ritter Sport haben schon seit unserer Gründung 1912 eine besondere Affinität zu kniffligen Aufgaben rund ums Quadrat. Wir stellen nicht nur irgendeine Schokolade her, sondern Schokolade mit besten Rohstoffen in bester Qualität in der praktisch handlichen Quadratform. Dazu brauchen wir hochwertige Zutaten aus einer intakten Umwelt. Ohne sie gäbe es keinen Genuss. Neben unserer Leidenschaft für höchste Schokoladenqualität haben wir deshalb schon lange auch den Schutz der natürlichen Ressourcen als eine der vordringlichsten Aufgaben im Blick. Wir arbeiten ständig an Verbesserungen von Produktionsverfahren, Produkten, Verpackungen und Logistik und sind bestrebt, die Emissionen unseres Betriebes (mit Ausnahme der „Emission" von Schokolade) zu reduzieren. Energiesparende Maßnahmen werden z. B. grundsätzlich ergriffen, wenn sie gegenüber herkömmlichen Verfahren nicht mehr als zehn Prozent Mehrkosten verursachen. Wer wie wir die technische Entwicklung aufmerksam verfolgt und Innovationen z. B. bei der Energiegewinnung und im Umweltschutz mit der nötigen Langfristperspektive im Rahmen seiner Möglichkeiten konsequent einsetzt, kann einen Beitrag zur Lösung der vermeintlichen Quadratur des Kreises leisten. Denn auch wenn Investitionen für den Umweltschutz zunächst die Erträge belasten, sind wir überzeugt davon, dass sich diese Maßnahmen langfristig auszahlen. Trotzdem fällt auch uns das Engagement im Umweltschutz nicht immer leicht, denn am Ende zählt natürlich der wirtschaftliche Erfolg. Deshalb ist ein gemeinsames Handeln von Politik und Wirtschaft notwendig, wenn es um eine nachhaltige Entwicklung gehen soll.

Start des Förderprogramms KlimaschutzPlus

Startschuss zum freiwilligen Verzicht der Klärschlamm-ausbringung in Baden-Württemberg

Beginn des Funkwellenmessprojektes Baden-Württemberg

Fertigstellung der B 29 Westumgehung Aalen: Mit der Umgehung wird die notwendige Verbindung zur A 7 Würzburg–Ulm hergestellt

B-30-Neubau des Nordbogens Ravensburg zur Entlastung von Baindt, Baienfurt und Weingarten

Ökologie

Dr. Stefan Rösler ist seit 1997 Vorsitzender des Landesverbands Baden-Württemberg im Natur-schutzbund Deutschland e. V. (NABU). Zugleich ist er Vorstandsmitglied der NABU-Stiftung Naturerbe Baden-Württemberg. Der Diplom-Forstwirt und promovierte Landschaftsökologe war zuvor als Wissenschaftler und Journalist in zahlreichen Ländern tätig.

Dr. Stefan Rösler
Lohnt der Diskurs für die Umwelt?

„Es geht um nicht weniger als die Zukunft der Menschheit."

„Zweck des Disputs oder der Diskussion soll nicht der Sieg, sondern der Gewinn sein", meinte der Moralist Joseph Joubert. Diese Ansicht teile ich. Es geht nicht darum, Recht zu haben, sondern das Beste zu erreichen. Daher dürfen Diskurse nicht zum Kräftemessen zwischen Organisationen und Parteien missbraucht werden. Zumal wenn es wie beim Natur- und Umweltschutz um übergeordnete Ziele wie den Erhalt unserer Lebensgrundlagen geht. Leider waren die Diskurse um Klimaschutz, Biodiversität und NATURA 2000 vielfach nicht an der Sache, sondern an politischen oder wirtschaftlichen Interessen orientiert. Dies hat der Sache geschadet, ohne dass bestehende Probleme gelöst wurden. Diskurse sind dann wirklich zielführend, wenn Ergebnisse und Erkenntnisse auch in Taten münden. Die meisten Umweltprobleme könnten längst gelöst sein oder müssten gar nicht entstehen. In der Regel fehlt es nicht an Wissen, sondern am Willen zu konsequenter Umwelt-

vorsorge und am Mut zur zügigen Umsetzung neuer Erkenntnisse. Wenn es um Umweltvorsorge geht, versagt der Markt. Umso wichtiger ist eine mutige und vorausschauende Umweltpolitik, die sich an Risikominimierung, Kreislaufwirtschaft und Energieeffizienz orientiert und das Verursacherprinzip konsequent durchsetzt. „20 Jahre Umweltministerium" – 20 Jahre, in denen manches Umweltproblem gelöst wurde, aber auch viele neue entstanden. Angesichts des menschgemachten Klimawandels wird die Bedeutung der Umweltpolitik stark zunehmen. Daher ist der Diskurs für die Umwelt nicht nur lohnend, sondern zwingend. Es geht um nicht weniger als die Zukunft der Menschheit. Baden-Württemberg braucht ein starkes Umweltministerium, das offensiv für eine wirklich nachhaltige Politik streitet. Dann hat es auch den NABU an seiner Seite – als „Anwalt für Mensch und Natur".

Familie

Volker Ruta ist Vorsitzender des Kommunalverbands für Jugend und Soziales in Baden-Württemberg und des Verbands Lokale Bündnisse für Familie.

„Geben wir Kindern die Chance, selbst aktiv zu werden, zu gestalten und gehört zu werden."

Volker Ruta
Sind Kinder Umweltschützer?

Der Umweltschutz ist viel zu wichtig, um ihn allein Erwachsenen zu überlassen. Gerade Kinder haben alle Potenziale, erfolgreiche Umweltschützer zu sein. Sie sind neugierig: „Weshalb was, wie und warum?"; sie experimentieren gern: „Was passiert, wenn …?"; und sie sind sehr aufmerksame Beobachter. Hinzu kommt der von Erwachsenen manchmal belächelte kindliche/jugendliche Optimismus. Diese Potenziale zu fördern ist zu allererst ein Bildungsauftrag. Lösen wir das Recht auch im Interesse des Umweltschutzes ein! Geben wir ihnen die Chance, selbst aktiv zu werden, zu gestalten und gehört zu werden. Die Bildung in den Kindergärten hat einen großen Schub bekommen. Bildung wird hier nicht nur eingeschränkt auf Wissensvermittlung, sondern stark auch als Persönlichkeitsbildung verstanden. Das Thema Umwelt ist dort präsent. In der außerschulischen Jugendbildung und der Jugendarbeit bestehen neben den Bildungsinhalten zum Umweltschutz für Jugendliche Möglichkeiten aktiv zu werden und sich auch im öffentlichen und politischen Raum Gehör zu verschaffen. Alle von Erwachsenen geprägten Institutionen und Gruppierungen sind aufgerufen, Kinder und Jugendliche in Zukunftsfragen wie den Umweltschutz ernst zu nehmen. Kinder und Jugendliche haben von sich aus keine „No Future"-Einstellung. Innovativer Ansatz, der darauf zielt, dass jeder Einzelne wirksam Umweltschutz leisten kann, ist z. B. das geplante Vorhaben „Nachhaltiges umweltgerechtes Handeln in Privathaushalten" des „Bürgerschaftlichen Engagements nachhaltige Entwicklung" (BENE) in Stuttgart. Bei diesem sind ganz selbstverständlich Kinder und Jugendliche einer Kirchengemeinde mit ihren Jugendgruppen bzw. in Familien und Privathaushalten einbezogen. Dies gilt auch für die Lokalen Bündnisse für Familie in ihrem Bestreben, Gemeinden familiengerecht weiterzuentwickeln. Dazu gehört auch die Frage, wie umweltfreundlich ein Wohnort ist. Familien mit ihren Kindern sind die Zukunft. Lokale Bündnisse für Familie sind daher auch Zukunftssicherung.

Das Ministerium für Umwelt und Verkehr (UVM) wird als weltweit erstes Ministerium in das EMAS-Register eingetragen

Inbetriebnahme der größten Fischaufstiegsanlage in Europa an der Staustufe am Rhein in Iffezheim

Der Nachhaltigkeitsbeirat Baden-Württemberg nimmt seine Arbeit auf

Anlässlich des Landesjubiläums kommen mehr als 100.000 vor allem jugendliche Besucher zur Ausstellung „Erde 2.0 – Staunen, was die Zukunft bringt" nach Stuttgart

Der Rheinübergang bei Altenheim-Eschau wird für den Verkehr freigegeben

Politik

Der Pädagoge Harald B. Schäfer war in der großen Koalition unter Ministerpräsident Erwin Teufel der zweite Umweltminister in Baden-Württemberg (1992 bis 1996). Zuvor war er 20 Jahre Bundestagsabgeordneter, stellvertretender Vorsitzender und Umweltsprecher der SPD-Bundestagsfraktion.

Harald B. Schäfer
Kann das Thema Umwelt nerven?

Politik hat die Aufgabe, Zukunft zu denken und zu gestalten. Dies gilt insbesondere für die Umweltpolitik. Wirksamer Umweltschutz ist vorsorgender Umweltschutz. Der kategorische Imperativ der Ökologiepolitik ist es, Umweltschäden zu verhindern, damit man sie nicht aufwendig korrigieren muss – soweit dies überhaupt noch möglich ist. Dies bedeutet Vordenken und Voraushandeln. In aller Regel folgt die Mehrheit der Menschen diesem Vorgehen nicht sofort. Sie lehnt es zunächst als nervend, übertrieben und unrealistisch ab. Die Bereitschaft zu radikalem Umdenken und zum Verändern des eigenen Verhaltens ist mehrheitlich erst dann gegeben, wenn die sich abzeichnenden Schäden unmittelbar erkennbar oder bereits eingetreten sind. Verantwortliche Umweltpolitik darf so lange nicht warten. Sie muss auch gegen erbitterten und nervenden Widerstand für Umweltschutz streiten und ihn durchsetzen. Anders ist umweltpolitischer Fortschritt nicht möglich, wie viele Beispiele zeigen: strengere Wärmedämmvorschriften, Entschwefelungs- und Entstickungsanlagen, bleifreies Benzin und Katalysator mussten gegen hartnäckigen Widerstand aus der Wirtschaft durchgesetzt werden. Weitere Beispiele ließen sich mühelos anführen. Wer vorangeht, ist in der Regel allein und muss in Kauf nehmen, zunächst viele zu nerven. Er findet aber schließlich doch Mitstreiter. Wir erleben dies gerade bei der Forderung nach einem Tempolimit. Für die nächsten „20 Jahre für die Umwelt" wünsche ich noch mehr Mitstreiter. Sie werden im Kampf um wirksamen Klimaschutz dringend gebraucht.

Politik

Der Jurist und CDU-Politiker Hermann Schaufler führte ab 1996 das neu gebildete Doppelministerium für Umwelt und Verkehr. Schaufler war damit der dritte Umweltminister in Baden-Württemberg. Das Amt hatte er bis 1998 inne.

Hermann Schaufler
Was fällt im Ausland auf?

Versäumnisse werfen ihre Schatten voraus. Wie wenig durchdacht und vernetzt Umweltschutz begriffen wird, muss uns immer wieder wundern. Irgendwie hat es mit unserer selektiven Wahrnehmung zu tun. Anders ist es doch nicht zu verstehen, dass ein deutscher Umweltminister im Jahr 2007 von Australien den Tipp bekommt, doch endlich die Glühbirnen auszuwechseln. Osram hätte es wohl schon vor 50 Jahren gewusst! Ist das Politik, deren „Machtausübung" oft die Wahrnehmung trübt, die einzelne Initiativen propagiert und nach heftigen Durchsetzungsübungen müde zurückfällt? Bis dann, wie man zu meiner Zeit sagte, „der Umweltschutz wieder Konjunktur hat". Jetzt, nachdem es den Anschein hat, dass es wirtschaftlich endlich bergauf geht, wagen sich die Konjunkturritter an die Spitze des Umwelt- und Klimaschutzes. Gut so, auch wenn manche Untergangsszenarien mehr Medienwirkung erzeugen, als dass sie wissenschaftlichen Begründungen Stand

hielten. Dies aber kann dem blauen Planeten und der Gesundheit seiner Lebewesen nie schaden. Umgekehrt trieben wir ein Vabanquespiel; Christen dürfen dies nicht. Ich sehe gerade mit Wohlwollen die Anstrengungen Chinas, dem ungezügelten Boom der letzten paar Jahre Herr zu werden, während viele von uns immer noch den Finger auf China, Indien oder Brasilien richten. An diesem Wesen wird die Welt nicht genesen! Eine Erfahrung wird mich begleiten: Die größten Schritte im Umweltschutz kann man machen, wenn es wirtschaftlich gut geht. Und jetzt haben wir durch die Entwicklung einer stets besseren Technik auch noch die einmalige Chance, damit Arbeitsplätze zu schaffen und Geld zu verdienen. Die Chinesen können selbst Kraftwerke, Staudämme und Autos bauen, aber sie brauchen und wollen unsere Effizienz- und Umwelttechnik. Sie brauchen sie für ihre Wasserqualität, für ihre Autos und für ihre Landwirtschaft. Na also – viel Erfolg!

„Die größten Schritte im Umweltschutz kann man machen, wenn es wirtschaftlich gut geht."

Das Ministerium für Umwelt und Verkehr greift das Thema „Nanotechnologie" in Studien, Veröffentlichungen und Tagungen auf

Neuorganisation der Kernenergieaufsicht in Baden-Württemberg

Die Ortsumgehung der B 312 bei Pfullingen wird für den Verkehr freigegeben

Neubau der A 98 Lörrach/Ost in Verbindung mit der Anschlussstelle Rheinfelden der A 861 als größte internationale Baumaßnahme in Baden-Württemberg seit vielen Jahrzehnten

Tourismus

Peter Schmid ist Vorsitzender des Deutschen Hotel- und Gaststättenverbandes (DEHOGA) Baden-Württemberg. Seit 30 Jahren ist er in Gastronomie und Hotellerie tätig. In Bad Urach betreibt Schmid mehrere Betriebe mit rund 50 Mitarbeitern.

Peter Schmid
Sanfter Tourismus – geht das überhaupt?

Wer sich mit dem Tourismus in Baden-Württembergs Ferienregionen beschäftigt, dem muss eigentlich klar sein: Die landschaftliche Schönheit und die in vielen Bereichen immer noch intakte Natur gehören zu den Ressourcen, ohne die ein erfolgreicher Tourismus bei uns gar nicht denkbar ist. Zielkonflikte zwischen dem Natur- und Umweltschutz auf der einen Seite und touristischen Verwertungsinteressen auf der anderen mag es zwar immer noch geben, doch angesichts des gewachsenen Umweltbewusstseins, auch bei unseren Gästen, kristallisiert sich mehr und mehr das gemeinsame Interesse von Touristikern und Umweltschützern an einem ressourcenschonenden, umweltverträglichen Urlaubsangebot heraus. Man muss aber ehrlich sagen: Jede wirtschaftliche – und damit auch jede touristische – Nutzung der Landschaft bedeutet einen Eingriff in die Natur. Ein „sanfter“, ressourcenschonender Tourismus wird umso eher möglich, je besser es uns gelingt, den Wert des Naturerlebnisses und der umweltverträglichen Urlaubsgestaltung in touristische Wertschöpfung zu verwandeln. Sanfter Tourismus kann kein Massenbetrieb, sondern nur Qualitätstourismus auf hohem Niveau sein. Darin liegt seine Chance – darin liegt aber auch die Herausforderung, der wir uns bei der Vermarktung entsprechender Angebote stellen müssen. Mehr denn je gilt es, das Bewusstsein für den Wert unserer Heimatregion, für ihre Landschaft und ihre guten Produkte zu wecken und deutlich zu machen, dass hier, und nicht im Wochenendtrip mit dem Billigflieger, ein Luxus mit hohem Erlebniswert liegt. Kurze Reisewege für unsere Gäste, funktionierende Wirtschaftskreisläufe vor Ort mit kurzen Transportwegen für Waren und Güter sind für sich genommen schon ein wichtiger Beitrag zum „sanften“ Urlaubsvergnügen.

Heimat

Sonja Schrecklein ist beliebte Moderatorin im SWR-Fernsehen. Bekannt wurde sie mit dem „Landesschau-Mobil". Die Journalistin berichtet umfassend über Land und Leute aus Baden-Württemberg.

Sonja Schrecklein
Baden-Württemberg – liebenswerte Umwelt?

Ja! Baden-Württemberg ist liebenswert. Diese Frage stellt sich doch eigentlich gar nicht. Aber warum ist das so? Die Landschaftsvielfalt, die ich auf meinen reportierenden und moderierenden Reisen für den Südwestrundfunk kennen lernte, führte mich in herrliche Landschaften. Besonders angetan hat es mir dabei das Allgäu und die Schwäbische Alb. Ja, bei uns im Land gibt es sie: Berge, Hügel, Flusstäler, Wälder und sogar fast ein richtiges Meer, das sogenannte Schwäbische Meer. Dazu kommen Menschen unterschiedlichster Herkunft: Südbadener mit italienischen Wurzeln, Oberschwaben, die aus Österreich stammen, oder Stuttgarter, die aus Ostpreußen kommen. All diese Menschen leben hier in Baden-Württemberg neben Urschwaben und Urbadenern – nicht zu vergessen Hohenloher und Franken. Fast alle, die ich kennen lernen durfte, lieben dieses Land so wie ich. Und genau diese Menschen prägen das Land. Zwar kenne ich noch nicht alle unserer knapp 10 Millionen Baden-Württemberger aus den 1.109 Gemeinden, aber doch schon eine ganze Menge. Immer treffe ich auf liebenswerte Menschen in einer lieblichen Umgebung, ob ich nun für die Landesschau mit dem Mobil oder für den Treffpunkt über Feste und Bräuche aus unseren Städten oder Dörfern berichte. Viele freuen sich einfach über meinen Besuch als Fernsehreporterin des SWR und präsentieren voller Stolz, was es in ihrer Gemeinde Tolles gibt, andere schildern ihre Ängste und Nöte. Manchmal habe ich das Gefühl, dass ich für viele das Fernsehen zum Anfassen bin. Auch ich bin dann ein Teil der Umwelt für andere – hoffentlich auch ein liebenswerter. Künftig müssen wir kräftig anpacken, um unsere liebenswerte Umwelt zu erhalten. Ohne ein grundlegendes Umdenken im Klimaschutz wird es uns schwerfallen, unseren Nachkommen ein liebens- und lebenswertes Erbe zu hinterlassen.

„Ja! Baden-Württemberg ist liebenswert!"

Stefan Mappus wird Minister für Umwelt und Verkehr

Gründung des „Aktionsbündnisses Flächen gewinnen"

Das neue Landesbodenschutz- und Altlastengesetz tritt in Kraft

Erster internationaler Umwelttag mit ausländischen Studierenden in Reutlingen: Global denken – lokal handeln

Inbetriebnahme der neuen Tank- und Rastanlage „Im Hegau-Ostseite" an der A 81 bei Engen

Eine neue Rheinbrücke im Zuge der L 151a entlastet die engen historischen Altstädte von Laufenburg (Baden) und Laufenburg (Kanton Aargau) vom Durchgangsverkehr

Dr. med. Andreas Seimer ist Leitender Arzt der Abteilungen Phoniatrie und Pädaudiologie sowie Logopädie am Marienhospital Stuttgart. Er ist darüber hinaus Facharzt für HNO-Heilkunde und Landesarzt für Hör- und Sprachbehinderte in Baden-Württemberg.

Dr. Andreas Seimer
Ist Lärm Umweltverschmutzung?

Kurt Tucholsky bringt es auf den Punkt: „Der eigene Hund macht keinen Lärm, er bellt nur." Was für den einen eine „göttliche Stimme" ist, führt bei jemand anderem zu fluchtartigem Verlassen des Raumes. Das Röhren eines „sounddesignten" Sportwagens kann für den Besitzer ein Klangwunder sein, der Nachbar schreckt aus dem Schlaf auf. Lärm ist fast überall. Wir haben uns scheinbar daran gewöhnt. Wir unterscheiden zwischen lästigem Lärm – zum Beispiel dem tropfenden Wasserhahn – und gehörschädigendem Lärm. Bei Letzterem handelt es sich um sehr laute Schallereignisse, die zu einer Schädigung oder zum Verlust der Hörsinneszellen führen können. Besonders die männlichen Erdenbewohner sind davon betroffen. Als Kinder bevorzugen sie laute Spielsachen und Spielzeugpistolen. Hierbei handelt es sich um vermeidbare Lärmquellen – wie auch zu laute Musik. Und wer von der sich sorgenden Verwandtschaft einen schallpegelbegrenzten MP3-Player zum Geburtstag bekommt, findet im Internet die Anleitung, diese Begrenzung abzuschalten. Dasselbe gilt für Discos und für Freiluftkonzerte, bei denen bis zu 100.000 Watt Verstärkung eingesetzt werden. Die Lärmschwerhörigkeit zählt zu den häufigsten Berufskrankheiten. Man geht von ca. einer halben Million Menschen in Deutschland aus, die pro Jahr dadurch berufsunfähig werden! Lärm macht krank! Unser Ohr reagiert mit einem Hörverlust (Schwerhörigkeit), quälenden Ohrgeräuschen (Tinnitus) oder dem Phänomen der Hyperakusis: Hier werden bereits normale Geräusche als viel zu laut empfunden. Dann haben wir den Lärm auch in uns. Das Risiko, an einem Herzinfarkt zu sterben, ist für Menschen, die mit Lärm leben müssen, deutlich erhöht. Wir versuchen uns mit Lärmschutzwällen, Lärmschutzfenstern und Gehörschutz vor der „lärmvermüllten Umwelt" zu schützen. Aber müssten nicht alle Anstrengungen dafür aufgewendet werden, Lärm zu vermeiden?

Bildung

Dr. Hansjörg Seybold war von 1978 bis 1999 Professor für Schulpädagogik an der Pädagogischen Hochschule Ludwigsburg und ist seitdem mit dem Arbeitsschwerpunkt Erziehungswissenschaft/ Umweltbildung an der Pädagogischen Hochschule Schwäbisch Gmünd tätig.

Prof. Dr. Hansjörg Seybold
Interessiert sich die Jugend für Nachhaltigkeit?

Angesichts des Klimawandels und seiner Folgen scheint die Antwort leicht: Sie müssen sich interessieren, weil es um die Lebensgrundlagen ihrer Zukunft geht. Aber diese einfache Schlussfolgerung gewährleistet nicht automatisch Aufmerksamkeit und Interesse. Dazu müssen einerseits Wege aufgezeigt werden, wie durch eigenes, selbstbestimmtes Handeln ein Beitrag zur Nachhaltigkeit geleistet werden kann. Wenn sich dann bei einer entsprechenden Verhaltensänderung ein Erfolg einstellt, prägt sie sich ein. Andererseits sollte durch alltägliche Beobachtungen klar werden, dass „man nicht der Einzige ist". Und: Das Interesse an einer Zukunftsvorsorge setzt voraus, dass das langfristige Interesse an nachhaltigen Lebensverhältnissen alle alltäglichen kurzfristigen Interessen überlagert. Eine Shell-Studie zeigt, dass die Zukunftsperspektiven von Jugendlichen eng mit ihren Sozialisationserfahrungen und aktuellen Lebensumständen in Familie, Schule und Freizeit verbunden sind. Daher ist leicht nachzuvollziehen, dass auch das Interesse an nachhaltiger Entwicklung sehr von diesen Erfahrungen im täglichen Leben bestimmt wird. Ein wichtiger Ansatz ist deshalb die Bildung für nachhaltige Entwicklung. Die Schule, an der sich Schülerinnen und Schüler die Hälfte des Tages aufhalten, muss als „ökologischer Lebensraum" begriffen werden und praktische Erfahrungen zum Beispiel mit ökologischer Bauweise, nachhaltigen Energiekonzepten, Stoffkreisläufen, gesunder Ernährung und zukunftsorientierten Formen des Lernens und Arbeitens vermitteln. Die Antwort auf die Eingangsfrage geht Hand in Hand mit dem Interesse, das die Gesellschaft und die Politik einer nachhaltigen Entwicklung entgegenbringen. Werden Chancen ergriffen und dadurch Beispiele und Vorbilder aufgezeigt, wird auch das Interesse der Jugendlichen groß sein.

„Die Schule muss als »ökologischer Lebensraum« begriffen werden."

Eltern

Christiane Staab ist Rechtsanwältin und Mutter von drei Kindern, sie lebt in Karlsruhe.
In ihrem Vorstandsamt im Landeselternbeirat berät sie aus Elternsicht das Kultusministerium
zu Schul- und Bildungsfragen.

Wir Eltern erziehen unsere Kinder zu Achtung vor der Schöpfung, da wir die Erde nur geborgt haben. Leider wird unser Tun aber häufig durch rücksichtsloses Handeln und Verantwortungslosigkeiten manch politisch und gesellschaftlich Verantwortlicher erschwert oder zerstört. Wir versuchen unsere Kinder durch eigenes Vorbild zu (umwelt-)bewussten Menschen zu erziehen, fühlen uns aber oft wie im Hamsterrad. Jeder uns selbst verkniffene Autokilometer wird durch einen Riesenlaster auf der Straße tausendfach gefahren. Die beim Bauern gekaufte Wurst verliert ihren Vorbildcharakter, wenn in Tierfabriken Antibiotika, Hormone und Tiermehl verfüttert werden. Täglich wandern Meldungen über Umweltzerstörung, Kindersoldaten, Gewalt gegen Kinder etc. über unsere Bildschirme. Schon die jüngsten Kinder stellen hierzu Fragen. Wir Eltern sollen nun kindgerecht erklären, was mit dieser Welt geschieht. Eltern sollen wertebewusst in einer wertelosen Gesellschaft erziehen, gesund ernähren in einer Welt der industriell gefertigten Nahrung. Bewegungsräume gibt es für Autos, weniger für Kinder. 45 Kilo bei einer Größe von 1,75 m werden auf den Laufstegen bejubelt, bei unseren Töchtern hat die Mutter versagt. In einem Land, in dem das Hohelied des Hedonismus gesungen wird, ist es schwer, Eltern zu sein. Bildung darf nichts kosten (Eltern zahlen das dann privat), Erziehende bekommen keine Rente, Verbrauchssteuererhöhung etc. Die Eltern sind am Ende: niedrigste Geburtenrate Europas, Armutsrisiko von Familien, Bildung = Geldbeutel, Rentenkatastrophe (es sei denn, man hat keine Kinder und zwei volle Rentenansprüche erworben). Es bleibt der Rückzug in den Mikrokosmos Familie, um wenigstens dort eine bisschen „heile Welt" zu leben. Mit dem Öffnen der Haustür endet diese.

Christiane Staab
Was tun wir für die Zukunft unserer Kinder?

„Wir Eltern erziehen unsere Kinder zu Achtung vor der Schöpfung, da wir die Erde nur geborgt haben."

Beschäftigung

Eva Strobel ist Vorsitzende der Geschäftsführung der Regionaldirektion Baden-Württemberg der Bundesagentur für Arbeit. Neben dem Arbeitsmarkt im Südwesten gilt ihr Augenmerk auch dem grenzüberschreitenden Ausgleich zwischen Arbeitsplätzen und Arbeitskraftangeboten.

Umwelt – Arbeitsplätze: zwei Begriffe, die einen ganz besonderen Reiz entwickelt haben. Wann immer das eine oder das andere Wort die Nachrichten beherrscht, halten wir inne. Was mag jetzt wieder kommen? Eine neuerliche Hiobsbotschaft vom Weltklima oder vom Feinstaub, eine Fortschreibung der Arbeitslosenzahlen? Natürlich tendieren Nachrichten dazu, vorzugsweise die negativen Aspekte des Lebens zu vermelden. Die Menschen sollen aufhorchen, ins Nachdenken geraten und Veränderungen anstreben. Aufhorchen, nachdenken und verändern: Schon längst hat sich an der Schnittstelle der beiden Themen Umwelt und Arbeitsplätze ein dynamischer Prozess entwickelt. Bei der Fahrt morgens zur Arbeit, bei Dienstreisen, aber auch in den Statistiken der Bundesagentur für Arbeit ebenso wie beim Einkaufen oder im Urlaub fallen mir ständig die Arbeitsplätze ins Auge, die unter dem Vorzeichen „Umwelt" stehen. Denn zwei Reizthemen sind hier eine ganz besonders gelungene Ehe eingegangen: Ob es Berufe sind wie der „Abfallbeauftragte", der „Abwassermeister", die „Ingenieure für Umwelttechnik", für „Landeskultur und Umweltschutz", „Agrokaufleute", „Energieberater", Installateure, die sich mit Solartechnik oder Geothermie beschäftigen oder Umweltpädagogen, die Liste der Berufe, die direkt mit dem Erhalt und Schutz der Umwelt in all ihren Facetten zu tun haben, ist sehr lang. Und sie wird noch länger durch jene Berufe, die in zunehmenden Maß, wie beispielsweise im Maschinenbau oder der Bauindustrie, Umweltaspekte in ihrer Arbeit berücksichtigen. Schafft Umwelt Arbeitsplätze? Die Frage ist aus meiner Sicht dank der glücklichen Verbindung zweier Reizthemen mit einem doppelten „Ja" zu beantworten: Umwelt hat schon längst Arbeitsplätze geschaffen – und sie tut es auch in Zukunft, zu ihrem eigenen Erhalt für die kommenden Generationen.

Eva Strobel
Schafft Umwelt Arbeitsplätze?

„Umwelt hat schon längst Arbeitsplätze geschaffen – und sie tut es auch in Zukunft, zu ihrem eigenen Erhalt für die kommenden Generationen."

Bevölkerung

Der promovierte Volkswirt Prof. Dr. Andreas Troge leitet seit 1995 das Umweltbundesamt. Zuvor war er Geschäftsführer des Instituts für gewerbliche Wasserwirtschaft und Luftreinhaltung und Umweltreferent beim Bundesverband der Deutschen Industrie. Er war mehrfach Referent für das baden-württembergische Umweltministerium.

Prof. Dr. Andreas Troge
Bald neun Milliarden Menschen?

„Wir hier in den Industrieländern werden unsere Lebensstile überdenken müssen."

Die Prognosen zum globalen Bevölkerungswachstum sind mit vielen Unsicherheiten behaftet. Sicher ist: Wächst die Weltbevölkerung weiter, nehmen wir insgesamt mehr natürliche Ressourcen in Anspruch: Wasser, Rohstoffe, Energie. Die sind nicht unendlich, die Konkurrenz um diese wächst zwangsläufig. Denkbar sind Ressourcenkonflikte zwischen Staaten. Mehr Menschen nehmen die Erde immer stärker in Anspruch, belasten sie mehr mit Schadstoffen, treiben intensiveren Raubbau an ihr. Da sind beim angestrebten Dreiklang der Nachhaltigkeit aus ökologischer, wirtschaftlicher und sozialer Entwicklung deutliche Misstöne zu erwarten. Vor allem, wenn die Menschen in den weniger entwickelten Ländern unseren Lebensstandard anstreben. Niemand hat das Recht, ihnen diese nachholende Entwicklung zu verbieten. Was also tun? In die Technik vertrauen? Der technische Fortschritt kann sicher einige Entwicklungen verzögern – Stichwort: bessere Energie- und Material-effizienz durch moderne Technik. Ich meine aber: Wir hier in den Industrieländern werden unsere Lebensstile überdenken müssen. Es ist nicht nur unfair, dass die reichen Länder die ökologischen Rucksäcke ihrer ressourcenfressenden Lebensweise in den ärmeren Ländern abladen. Es drohen auch Verwerfungen im sensiblen politischen Sicherheitsgefüge der Welt. „Ich möchte, dass es unseren Kindern besser geht als uns" – dieses Credo der älteren Generationen ist heute weniger präsent. Das ist bedauerlich. Denn wer dieser Maxime folgt, strebt nach gutem Leben statt „viel haben". Dazu gehört auch, sich mit den Konsequenzen der eigenen Produktwahl oder des Mobilitätsverhaltens auseinanderzusetzen. Eines noch: In einigen Ländern wird die Bevölkerung schrumpfen. In Deutschland zum Beispiel. Auch das kann nachhaltige Probleme mit sich bringen: ökologisch, ökonomisch und sozial.

Werbung

Sebastian Turner wuchs in Stuttgart auf. Er ist Partner und Vorstandsvorsitzender der Scholz & Friends AG, einer der führenden Kommunikationsgruppen in Deutschland. Von ihr kommt auch die Baden-Württemberg-Kampagne „Wir können alles. Außer Hochdeutsch.".

Sebastian Turner
Was denkt unsere Umwelt über Engagement für die Umwelt?

Wenn wir Menschen die Wahl haben zwischen Höflichkeit und Ehrlichkeit, werden wir ein Opfer unserer Zivilisation. Wir neigen dann zur Höflichkeit, denn die Ehrlichkeit macht nur Ärger. Man sieht das sehr anschaulich, wenn man das Bekenntnis zu ökologischen Einsichten mit dem tatsächlichen Verhalten vergleicht. „Sollte ein Auto umweltfreundlich sein?" Wer von solchen Umfragen irgendeinen Erkenntnisgewinn erhofft, kann auch Horoskope lesen. Niemand wird antworten: „Hauptsache, die Karre ist eine üble Umweltsau, der Rest ist mir egal." Mehr Aufschluss geben sogenannte Conjoint-Analysen. Hierbei werden wir nicht nach wohlfeilen Lippenbekenntnissen befragt, sondern vor eine Alternative gestellt. „Wenn der Wagen zwei Liter weniger verbraucht, wäre Ihnen das 4.000 Euro wert?" Oder: „Wenn der Wagen weniger verbraucht – wären Sie bereit, langsamer beschleunigen zu können?" Die ernüchternde Erkenntnis der Automobilindustrie:

Die Menschen sagen irgendwas Umweltfreundliches, aber sie verhalten sich anders. Das Dreiliterauto von VW stieß im Öko-Bekenntnisparadies Deutschland auf keine Nachfrage. Zugleich stellt diese Branche – wie viele andere – ein anderes Phänomen fest: Ein unfreundliches Image ist gefährlich. Und besonders umweltbelastend zu erscheinen ist ganz besonders unfreundlich. Wir möchten am liebsten umweltfreundlich erscheinen, nur vor den Mühen scheuen wir zurück. Anders ist es, wenn Umweltfreundlichkeit und Leistungsmerkmale einander verstärken: Wenn Biofleisch besser schmeckt, dann ist das ein überzeugendes Argument. Für Hersteller heißt das: Umweltfreundlichkeit ersetzt keine Leistung, aber macht sie attraktiver. Für den Gesetzgeber heißt es: Je mehr Anreize er für umweltfreundliches Verhalten schafft, desto leichter macht er es uns, höflich und ehrlich zu sein. Ehrlich.

„Ein unfreundliches Image ist gefährlich. Und besonders umweltbelastend zu erscheinen ist ganz besonders unfreundlich."

Tanja Gönner wird Umweltministerin des Landes

Start der Öffentlichkeitskampagne „Kraft, die aus der Tiefe kommt" zur Nutzung bodennaher Erdwärme

Start des Handels mit CO_2-Emissionsrechten für große Industriebetriebe

Deutschlands ältestes kommerzielles Kernkraftwerk in Obrigheim wird abgeschaltet

Die Ortsumgehung Beuren im Zuge der L 1210 wird freigegeben

Der Chemiker Prof. Dr. Fritz Vahrenholt war Umweltsenator in Hamburg und ist heute Vorstandsvorsitzender des Windkraftanlagenbauers REpower Systems AG. Er ist zudem Mitglied des
Nachhaltigkeitsrates der Bundeskanzlerin. Varenholt war Referent für das Umweltministerium.

Prof. Dr. Fritz Vahrenholt
Gehört die Zukunft den erneuerbaren Energien?

Wir müssen uns auf unsere Fähigkeiten besinnen und Ingenieurs- und Naturwissenschaften wieder in das Zentrum unserer Bildungspolitik stellen. Wir müssen die in den 90er Jahren halbierten Mittel für die Energieforschung wieder verdoppeln. Wir müssen unsere Energieforschungszentren wieder zu kreativen Denkschmieden machen. Wir müssen wieder Begeisterung für technische Lösungen entfachen. Auch wenn uns die Fusionsenergie erst nach 2030 zur Verfügung stehen kann, müssen wir den langen Atem bewahren, um die Tragfähigkeit dieser Energieerzeugung zu prüfen. Die Bundesregierung muss den eingeschrittenen Weg der Hinführung von erneuerbaren Energien zur Wettbewerbsfähigkeit fortsetzen. Schon in fünf bis sechs Jahren wird Offshore-Windenergie (Windenergie im Meer) wettbewerbsfähig sein. Bis 2020 wird eine Kapazität von 20.000 Megawatt aus kraftwerksähnlichen Windfarmen ans Netz gehen können. Biomasse wird einen wachsenden Beitrag zur umweltfreundlichen Mobilität leisten. Die Photovoltaik dagegen wird es in Deutschland bis 2020 nicht schaffen, annähernd preiswerte Energie zu liefern. Diese Energieform gehört in den sonnenreichen Teil der Erde. Die Bundesregierung muss eine Offensive zur Entwicklung von kohlendioxidfreien Kohlekraftwerken, zur Erzeugung von Wasserstoff aus Kohle entwickeln. Wir werden eine Renaissance der Kohle erleben. Bei dieser Umgestaltung in eine mehr heimisch geprägte, kohlendioxidarme Energieerzeugung werden die neuen Energieträger anfangs teurer sein. Daher wäre es nicht zu verantworten, im Zeitraum des Umbruchs auf den preiswertesten Energieträger – die Kernenergie – zu verzichten und dem Beispiel Schweden und Hollands nicht zu folgen, die die Laufzeiten gerade verlängert haben. Den kapitalkräftigen Energieunternehmen ist abzuverlangen, die Kosteneinsparungen durch die Laufzeitverlängerung der Kernkraftwerke zur Senkung der Industriestrompreise und Entwicklung erneuerbarer Energien zu verwenden.

Sport

Armin Veh ist Bundesligatrainer und ehemaliger Profi-Fußballer. Seit 2006 trainiert er die Mannschaft des VfB Stuttgart, die er im Mai 2007 zur deutschen Meisterschaft führte. Der VfB hat sich in den letzten Jahren vor allem durch seine erfolgreiche Nachwuchsarbeit ausgezeichnet und sich dadurch bundesweit einen Ruf verschafft.

Armin Veh
Wie trainiert man für die Zukunft?

Im Profifußball zählt für die Öffentlichkeit bekanntlich nichts mehr als das nackte Ergebnis. Mittel- oder langfristig ausgerichtete Konzepte und Planungen werden von den Beobachtern nur so lange akzeptiert, wie die Mannschaft auch kurzfristig sportlichen Erfolg nachweisen kann. Diese Tatsache erschwert konzeptionelles Arbeiten und verlangt von den Verantwortlichen eine ständige Gratwanderung. Dabei ist gerade der Blick nach vorne von entscheidender Bedeutung. „Stillstand bedeutet Rückschritt" ist eine auch im Sport häufig gebrauchte Redewendung. Wer sich also auf dem Erreichten ausruht und nicht zukunftsorientiert arbeitet, fällt zurück. Das gilt für die Zusammenstellung des Spielerkaders genauso wie für die Trainingsdosierung, die nicht nur auf das nächste Spiel, sondern auf die gesamte Saison ausgerichtet sein muss. Denn keinem hilft eine Mannschaft, die zwar zu Saisonbeginn oder in den ersten Spielen nach der Winterpause groß aufspielt, die aber im weiteren Verlauf der Spielzeit deutlich abfällt und das Leistungsniveau nicht halten kann. Um das zu vermeiden, wird während der Saisonvorbereitung intensiv an der Ausdauer der Spieler gearbeitet. Testspielergebnisse sind in dieser Phase zweitrangig, an erster Stelle steht das Bestreben, die Mannschaft in konditioneller und taktischer Hinsicht auf die Aufgaben der folgenden Monate vorzubereiten. Und nicht zuletzt bedeutet zukunftsorientiertes Trainieren und Arbeiten natürlich, den Nachwuchs intensiv zu fördern und an die Anforderungen des Profifußballs heranzuführen. Beim VfB wird dies seit vielen Jahren vorbildlich umgesetzt, und man darf gespannt sein, welchem Nachwuchsspieler als nächstem der Sprung zum Bundesligaspieler gelingen wird.

„Wer sich auf dem Erreichten ausruht und nicht zukunftsorientiert arbeitet, fällt zurück."

Politik

Der Jurist Dr. Erwin Vetter war der erste Umweltminister des Landes Baden-Württemberg (1987 bis 1992). Zuvor war er Oberbürgermeister der Stadt Ettlingen. Bis 2006 gehörte Vetter als Abgeordneter der CDU dem baden-württembergischen Landtag an.

Dr. Erwin Vetter
Wie wurde Umwelt zum Thema?

„Die Natur ernährt, heilt und erfreut. Sie verdient daher den engagiertesten Schutz."

Der Zauber des Anfangs: Das spannende Thema Umwelt lockte junge, engagierte Kräfte der Landesverwaltung an. Die Sacharbeit führte durch ein Katastrophenszenario: Tschernobyl, Sandoz, Müll- und Sondermüllprobleme, Wald- und Robbensterben, Nudel-, Öl-, Fleisch-, Glykol- und Dioxinskandale. Es war die Zeit aufgeregtester Diskussionen und heftigster Debatten im Landtag. Gegen den Umweltminister wurden Bombendrohungen ausgesprochen; in Großdemonstrationen wurde mobil gemacht. Im Landtag waren die Grünen, die ihr Umweltmonopol gefährdet sahen, die härtesten Kritiker unter Führung des geachteten Umweltsprechers Winfried Kretschmann. Wenn ich heute den damaligen Konkurrenten begegne, dann spricht man von einer großen Zeit des Umweltschutzes. Sogar Joschka Fischer machte Baden-Württemberg Komplimente, während andere führende Politiker Bedenken gegen die Umweltpolitik des neuen Ministeriums äußerten. Dies aus ihrer Sicht zu Recht, denn es folgten eine Reihe von Initiativen, die in Deutschland neu waren: Das erste Bodenschutzgesetz, die Warnung vor verdorbenen Lebensmitteln, eine Landes-Naturschutzkonzeption (10 Prozent der Landesfläche unter höherwertigem Schutz), nach dem Wasserpfennig die Sondermüllabgabe, die Mülltrennung, das Integrierte Rhein-Programm zur Versöhnung von Hochwasserschutz mit Naturschutz (für Donau und Neckar entstanden ähnliche Programme), ein Umweltinformationssystem, Hochwasserwarnstationen entstanden, mit effizienten Kläranlagen wurde ein Sprung in der Wasserqualität der Flüsse erreicht, modernste Abgasfilter sorgten für Luftreinhaltung, für Umwelttechnologie wurde bei der Wirtschaft geworben, die Müllstatistik der Stadt- und Landkreise brachte einen Wettbewerb um geringere Müllmengen. Das Kernkraftwerk Obrigheim wurde vom Netz genommen, aufwendige Nachbesserungen wurden durchgeführt. Meine Einstellung: Die Natur ernährt, heilt und erfreut. Sie verdient daher den engagiertesten Schutz. Dies gehört zum Kern einer bewahrenden, erneuernden und nachhaltigen Politik.

Konsum

Beate Weiser ist Vorstand der Verbraucherzentrale Baden-Württemberg. Die Zentrale ist ein gemeinnütziger eingetragener Verein, der Verbraucher in Fragen des privaten Konsums informiert, berät und unterstützt. Rund 850.000 Ratsuchende wenden sich jährlich an die von Beate Weiser geleitete Organisation.

„Bio heißt leben – und leben möchten wir alle."

Beate Weiser
Hat Bio Zukunft?

Bio heißt Leben und leben möchten wir alle. Verbraucher und Verbraucherinnen ebenso wie Entscheidungsträger und Entscheidungsträgerinnen in Politik und Unternehmen haben die Verantwortung, auch nachfolgenden Generationen Leben zu ermöglichen. Bei den Verbrauchern und Verbraucherinnen scheint sich etwas zu bewegen: Das repräsentative Emnid-Ökobarometer 2005 ergab, dass 74 Prozent der Deutschen Bio-Lebensmittel kaufen, davon 15 häufig und 59 Prozent gelegentlich. 84 Prozent gaben an, zukünftig „Bio" kaufen zu wollen – eine ermutigende Zahl. Dennoch liegt der Marktanteil von Öko-Lebensmitteln derzeit bei nur drei Prozent, bis 2010 soll er sich immerhin verdoppeln. Einen wesentlichen Beitrag zum derzeit zweistelligen Wachstum des Bio-Marktes leisten der Lebensmitteleinzelhandel und nicht zuletzt die Discounter, die das Potenzial dieses Marktsegments erkannt haben. Bio-Lebensmittel sind aus der Nische herausgekommen und haben sich etabliert. Heimische Erzeuger produzieren mittlerweile zu wenig, um die Nachfrage nach „Bio" im Land zu decken – viele Erzeuger wagen sich ohne staatliche Unterstützung nicht an die kostenintensive Umstellung ihres Betriebes. Eine deutlich höhere heimische Erzeugung von Bio-Lebensmitteln würde Konsumenten, Landwirtschaft und nicht zuletzt der Nachhaltigkeit nutzen. Bio-Lebensmittel müssen kein Luxus reicher Industriestaaten sein. Ökologisch betriebene Subsistenzwirtschaft kann belegbar gerade in armen Ländern zu nachhaltiger Produktivitätssteigerung, Boden- und Einkommensverbesserung beitragen. Bio hat also nicht nur eine Chance, ich möchte eher sagen, dass Bio eine Chance ist – für Ernährung, Nachhaltigkeit und Klima in Deutschland und der Welt.

Das Nationalkomitee der UN-Dekade „Bildung für nachhaltige Entwicklung" zeichnet zwei DVDs („Unser Planet – Bilder aus dem All" und „Umwelt ist meine Zukunft") sowie ein Kartenset („Umwelt von A bis Z") des Umweltministeriums aus

Einrichtung des Förderprogramms „Betriebliche Umwelttechnik" unter Nutzung moderner Schlüsseltechnologien

Fast 100.000 Besucherinnen und Besucher sehen auf der Landesgartenschau in Heidenheim die Ausstellung „Unser Planet – Bilder aus dem All"

Kongress des Umweltministeriums „Arzneimittel – Spurenschadstoffe im Wasserkreislauf und Boden" in Stuttgart

Frank Wendel ist Mitglied der Schülermitverwaltung (SMV) seiner Schule und seit 2006 Vorsitzender des siebten Landesschülerbeirats Baden-Württemberg.

Frank Wendel
Was können Schüler für die Umwelt tun?

Nachdem die Vereinten Nationen in ihrem Klimabericht festgestellt haben, dass uns nur noch 13 Jahre bleiben, um den Klimawandel aufzuhalten und australische Glühbirnen darüber fast die Fassung verloren, ist auch hierzulande eine hitzige Debatte über den Klimaschutz entbrannt. Auch wir Schüler fragen uns, welche Maßnahmen wir zur Erhaltung unseres Planeten ergreifen können. Landesweit setzen sich bereits Tausende unserer Mitschüler in Organisationen und Vereinen aktiv für den Klimaschutz ein. Auch innerhalb der Schulen bewegt sich etwas: Sonnenkollektoren und Windräder gehören heutzutage beinahe überall zum festen Repertoire. Kassenschlager wie der Film „The Day After Tomorrow" zeigen das rege Interesse der Jugend an Umweltthemen. Den Schülern ist klar, dass wir nur mit einem schnellen Umdenken solche Naturkatastrophen vermeiden können. Hier sieht die Politik, auch nach finanziellen Kürzungen im Bildungsbereich, die Schulen in der Pflicht. Uns Schülern ist jedoch sonnenklar: Mutter Natur nimmt sich, was der Mensch ihr genommen hat. Viele können das am Verfall ihrer eigenen Bildungsstätte beobachten – ich kann aus eigener Erfahrung berichten, dass so manches Klassenzimmer nach Niederschlägen zum Wassersammelbecken umfunktioniert wird. Das ist zwar nicht immer für den Unterrichtsfluss förderlich, aber der sorgsame Umgang mit Ressourcen gehört mit zum nachhaltigen Lernen. Für Ausflüge in die Natur ist jetzt auch kein nahe gelegenes Wäldchen mehr vonnöten – die hauseigenen Toiletten bieten oft eine ähnlich große Artenvielfalt an Moosen und Flechten. Ja, wir Schüler wissen: Umweltschutz ist in!

Prof. Götz W. Werner ist Gründer und geschäftsführender Gesellschafter der dm-drogerie markt GmbH & Co. KG Karlsruhe. Seit 2003 leitet Werner das Interfakultative Institut für Entrepreneurship an der Universität Karlsruhe. Der bekennende Anthroposoph ist Verfechter des sogenannten „bedingungslosen Grundeinkommens".

„Ökonomisch und sozial nachhaltiges Handeln braucht die Berücksichtigung ökologischer Nachhaltigkeitsaspekte."

Prof. Götz W. Werner
Warum gehören Soziales und Kulturelles dazu?

Auf einer Reise durch Südamerika habe ich weitgehend ursprüngliche, anthropogen unbeeinflusste Natur vor Augen haben dürfen. Es gibt nicht mehr viele Flecken auf dieser Erde, wo dies noch möglich ist, denn selbst auf den vom Land entferntesten Stellen der Ozeane treibt der Wohlstandsmüll auf dem Wasser. Wird die Natur durch Brände oder Kettensägentrupps brachial gerodet, spricht man auch heute noch vom „Kultivieren". Dieses Kultivieren ist immer Resultat eines sozialen Gebarens, selbst dann, wenn einer oder einige der Gemeinschaft entfliehen, um auf gerodetem Boden zu leben. In einer globalisierten Welt können wir unsere Existenz nicht mehr sichern, indem wir den Raubbau an der Natur fortsetzen. Ökonomisch und sozial nachhaltiges Handeln braucht die Berücksichtigung ökologischer Nachhaltigkeitsaspekte. Diese drei Kriterien müssen dringend um ein viertes Kriterium ergänzt werden, nämlich das der kulturellen Nachhaltigkeit. Die Kunst des Ackerbaus oder etwa die Kriegskunst wird heute nur noch schwerlich als kulturelle Leistung begriffen. Einigkeit besteht jedoch, dass die Architektur, die Musik oder die Dichtung – ob als alltagsrelevantes Handeln oder als eine aus dem Alltäglichen hervorgebrachte kreative Leistung – Kulturbeiträge sind. Der jahrelang in Baden-Württemberg tätige Rudolf Steiner schreibt, dass die höchste Kunst, die es zu beherrschen gilt, die soziale Kunst sei. Joseph Beuys hat das daraus Entstehende als „Soziale Skulptur" bezeichnet. Eine für alle als solche erkennbare „Soziale Skulptur" ist ein Gesamtkunstwerk, dessen Vollendung wir gemeinsam und jeder für sich anstreben sollten. Immer in dem Bewusstsein, dass unsere Bemühungen suboptimal bleiben müssen. Aber: Der Tag, an dem wir nicht an der Verwirklichung des Zieles einer „Sozialen Skulptur" arbeiten, ist ein verlorener Tag – für das Individuum, für die Gemeinschaft und für die Schöpfung.

Konsum

Der Ingenieur Dr. Wendelin Wiedeking ist seit 1993 Vorstandsvorsitzender der Dr. Ing. h.c. F. Porsche AG in Stuttgart. Außerdem ist er seit 2006 Mitglied des Aufsichtsrats der Volkswagen AG. Porsche beschäftigt in Deutschland rund 11.000 Mitarbeiter.

Dr. Wendelin Wiedeking
Leben wir über unsere Verhältnisse?

Die aktuellen Konjunkturdaten geben Anlass zur Hoffnung: Die Binnennachfrage zieht an, der Export legt zu, die Zahl der Arbeitslosen geht zurück und die Stimmung in der deutschen Wirtschaft ist so gut wie schon lange nicht mehr. Endlich ist die Zeit des Jammerns vorbei. Selbst der Geiz, vor kurzem noch als „geil" gefeiert, wird wieder als das angesehen, was er ist: eine Sünde. Heute greifen die Bürger in ihre gut gefüllten Sparstrümpfe und entdecken das Konsumieren neu – trotz Mehrwertsteuererhöhung. Im Jahr eins nach der Fußballweltmeisterschaft geht es in Deutschland offenbar wieder aufwärts. Aber ist diese positive volkswirtschaftliche Entwicklung auch gut für die Umwelt? Führt ein stärkerer Konsum denn nicht zu einem Anstieg der industriellen Produktion, zur Vergeudung von Rohstoffen und zu mehr Emissionen, die den Klimawandel beschleunigen? Leben wir also über unsere Verhältnisse? Nein, wir sind auf dem richtigen Weg. Ökonomie und Ökologie schließen sich keineswegs gegenseitig aus. Im Rahmen eines freien Marktes sind Unternehmen und Konsumenten sehr wohl in der Lage, flexibel auf neue Rahmenbedingungen zu reagieren und den Belangen des Umweltschutzes Rechnung zu tragen. Dazu bedarf es aber einer prosperierenden Volkswirtschaft mit ausreichend hohen Unternehmensgewinnen und Haushaltseinkommen. Denn Umweltschutz kostet Geld. Er erfordert hohe Investitionen in neue Technologien und die Bereitschaft der Kunden, dafür einen angemessenen Preis zu zahlen. Wer Konsumverzicht fordert, wird das Gegenteil von dem erreichen, was er eigentlich will: Ein Industrieland, mit dem es wirtschaftlich bergab geht, weil die Nachfrage eingebrochen ist, wird sich vor allem um die daraus folgenden sozialen Probleme kümmern müssen – der Umweltschutz steht dann erst einmal ganz hinten an.

„Unternehmen und Konsumenten sind sehr wohl in der Lage, den Belangen des Umweltschutzes Rechnung zu tragen."

Ulrich-Bernd Wolff von der Sahl ist Vorsitzender des Vorstands der SV SparkassenVersicherung Holding AG mit Sitz in Stuttgart. Zu seinen Ressorts gehören die Konzernstrategie und das Risikomanagement. Wolff von der Sahl ist gelernter Diplom-Forstwirt.

„Globale Maßnahmen werden nur dann Erfolg haben, wenn jeder Einzelne sein Nachfrage- und Konsumverhalten verantwortungsvoll wahrnimmt."

Ulrich-Bernd Wolff von der Sahl
Was kostet Nachhaltigkeit?

Die Auswirkungen der Klimaerwärmung werden immer offensichtlicher. Gerade in Baden-Württemberg wissen wir als bundesweit größter Gebäudeversicherer aus eigener Erfahrung, dass ein Trend zu häufigeren und größeren Elementarschadenereignissen festzustellen ist. Die Zahlungen der SV SparkassenVersicherung für Elementarschäden sind in den vergangenen zehn Jahren stark gestiegen. Damit Elementargefahren auch zukünftig flächendeckend abgesichert werden können, muss die Versicherungswirtschaft ihre Risikokalkulation an die Auswirkungen des sich abzeichnenden Klimawandels anpassen. Nähmen die Schäden durch die Klimaerwärmung so stark zu, dass der überwiegende Teil der Versichertengemeinschaft gleichzeitig betroffen wird, müsste dies einen Beitragsanstieg zur Folge haben, der so hoch wäre, dass letztendlich jeder seinen Schaden auch selbst bezahlen könnte. Damit würde die Grundlage des Versicherungsgedankens entfallen. Als letzter „Helfer" für Notfälle müsste dann der Staat einspringen – d.h., alle Bürger würden durch die Finanzierung der staatlichen Leistungen über Steuern belastet. Es liegt also im Interesse aller – des Staates, seiner Bürger und der Versicherten – der Zunahme von Schäden infolge der Klimaänderung entgegenzuwirken. Die Kosten der Nachhaltigkeit sind jetzt noch bezahlbar und damit langfristig bedeutend geringer als die Folgekosten des Klimawandels. Globale Maßnahmen sind wichtig, werden aber nur dann Erfolg haben, wenn jeder Einzelne sein Nachfrage- und Konsumverhalten verantwortungsvoll wahrnimmt. Nur dann können die Versicherungen auch weiterhin einen ausreichenden und bezahlbaren Schutz gegen Elementargefahren gewähren. Die eingangs gestellte Frage müsste also heißen: „Was kostet der Verzicht auf Nachhaltigkeit?" Und die Antwort wäre: „Unsere Zukunft."

Mit der Einführung der „Nachhaltigkeitsstrategie Baden-Württemberg" wird ein Impuls zur Zukunftssicherung des Landes gegeben

Kongress „Umwelt braucht Medien" in Stuttgart

Das 10. Mainauer Mobilitätsgespräch widmet sich Fragen zu „Tourismus und Mobilität"

Das Umweltministerium feiert sein 20-jähriges Bestehen mit Bundeskanzlerin Dr. Angela Merkel und Ministerpräsident Günther H. Oettinger

Produktion

Der Ingenieur Dr. Dieter Zetsche ist seit 1. Januar 2006 Vorstandsvorsitzender der DaimlerChrysler AG. Zuvor war er Chief Executive Officer (CEO) der Chrysler Corporation in den USA. Zetsche hat den Ruf, die Nähe zur Belegschaft zu suchen.

Dr. Dieter Zetsche
Wie viel Mobilität verträgt der Planet?

Wir müssen Mobilität in Verantwortung für künftige Generationen gestalten. Dabei stellt sich aber auch die Frage, wie viel Mobilität die Menschen brauchen und wollen – und zwar nicht nur in den Industrieländern, sondern vor allem in den aufstrebenden, den Wohlstand erst entwickelnden Nationen. Derzeit fahren über 900 Millionen Autos auf der Erde, jedes Jahr kommen rund 60 Millionen dazu. Wenn Länder wie China auch nur annähernd an das Fahrzeugaufkommen in der westlichen Welt anschließen, dann rollt noch extrem viel Verkehr auf diesen Planeten zu. Wer aber will den Menschen diesen Wunsch verbieten? Also muss die Aufgabe der Anbieter sein, und hier besonders der Automobilhersteller, diese Mobilität nachhaltig und verträglich für die Umwelt zu gestalten. Auf dem Weg dahin ist vieles bereits erreicht. Ein paar Beispiele aus der Mercedes Car Group: Unsere Ingenieure haben die Schadstoffemissionen der Pkw mit Ottomotor von 1990 bis 2004 um 97 Prozent gesenkt, beim Diesel um 81 Prozent. Der CO_2-Ausstoß ist um 30 Prozent zurückgegangen – bei zugleich enormen Verbesserungen in der Sicherheit. Freilich reicht all dies nicht, deutliche Schritte müssen und werden folgen. Dafür arbeiten wir bei DaimlerChrysler mit großen Investitionen und hohem Aufwand in Forschung und Entwicklung. Optimierte Verbrennungsmotoren, der Hybridantrieb und langfristig die Brennstoffzelle seien als Beispiele genannt. Das braucht stabile Rahmenbedingungen, geschaffen in fruchtbarer Diskussion mit der Politik. Die intensive Zusammenarbeit mit dem Umweltministerium Baden-Württemberg ist hier ein sehr gutes Beispiel. Allerdings muss die Politik die internationale Koordinierung und Vereinheitlichung dieser Anforderungen stärker in den Fokus nehmen. Schließlich müssen wir alle lernen, unsere Mobilität so nachhaltig zu gestalten, dass unser Planet ohne Schaden bleibt. Einen anderen Weg wird es nicht geben.

Ausblick in die Zukunft

Umweltministerin Tanja Gönner im Gespräch mit Jugendlichen der Fritz-Erler-Schule in Pforzheim über „Umwelt und Zukunft".

Tanja Gönner
Wie werden wir nach Eurer Meinung in 30 Jahren leben?

Lissy Laschet (17)
Ich denke, mit wesentlich mehr Technik. Ein Zentralcomputer in der Wohnung oder auch Roboter werden uns zum Beispiel beim Einkauf oder der Steuerung der Heizung oder der Rollläden vieles abnehmen. Außerdem werden neue Materialien entwickelt werden, die wasser- und schmutzabweisend sind. Der Alltag wird noch viel leichter und bequemer werden.

Julia Schreiber (17)
Der Schutz der Tier- und Pflanzenwelt wird eine immer wichtigere Rolle spielen. Zu viele Arten sterben heutzutage einfach aus und die weltweiten Abholzungen schaden dem Klima erheblich. Auch mit dem Trinkwasser werden wir ein großes Problem bekommen. Wasser wird knapp werden und nicht überall verfügbar sein. Es wird zum Luxus, sauberes Wasser zu haben.

Elenya Heck (15)
Ich glaube, die Verstädterung wird weiter zunehmen. Man wird in Zukunft kaum noch von ländlichen Gebieten sprechen können, weil alles zersiedelt sein wird. Schön ist das zwar nicht, aber wenn die Städte nicht weiter wachsen können, hat das Auswirkungen auf den Arbeitsmarkt, denn in neuen Industriegebieten entstehen auch neue Arbeitsplätze und damit Verdienstmöglichkeiten.

Thomas Nicoleit (19)
Aber die Politik kann doch was gegen die Verstädterung tun. Sie kann bestimmen, wo Industriezentren emporsprießen und wo nicht.

Tanja Gönner
Sollen Politiker wirklich bestimmen und verbieten? Wir können doch heute schon Flächen im Bestand nutzen, statt auf Außenentwicklung der Gemeinden zu setzen. Auch so senken wir den Flächenverbrauch.

Thomas Nicoleit (19)
Ich frage mich was anderes: Wohin mit dem Müll? Wenn wir bei den Verpackungen immer so weitermachen, werden wir in 30 Jahren im Müll ersticken. Wir machen uns darüber heute viel zu wenig Gedanken. Dabei gibt es Alternativen. Vielleicht wird man ja künftig die Verpackung mitessen können. Oder man nimmt wieder die Milchkanne mit zum Supermarkt.

Tanja Gönner
Interessant, dass für Dich das Thema „Müll" so wichtig ist. Du beschreibst damit Ängste, die schon vor 15 oder 20 Jahren aktuell waren. Damals ist die Politik aktiv geworden. Seither gibt es die Mülltrennung und das Recycling von Wertstoffen. Die Müllmenge ist seitdem rapide gesunken. Dies ist ein gutes Beispiel dafür, dass man etwas erreichen kann, wenn man ein Ziel engagiert vorantreibt.

Janick Stang (18)

Und wann wird die Politik bei anderen Problemen, zum Beispiel beim Klimaschutz, endlich erkennen, dass es in 30 Jahren fünf nach zwölf sein wird? Ich sehe es schon kommen, irgendwann werden Notstandsgesetze die Entscheidungswege verkürzen. Mit Verboten wird dann die Umwelt geschützt.

Frederic Glaser (19)

Es ist doch so, langfristig sichert Umweltschutz unser Leben. Es wird doch viel teurer, künftige Schäden zu beseitigen, nur weil man kurzfristig nichts tun wollte. Das müssen die Menschen doch erkennen.

Tanja Gönner

Gegenfrage: Heute wird den Politikern vorgeworfen, sie handeln nur deshalb nicht, weil sie unter dem Druck der Lobbyisten stehen. Politiker haben aber den Mut zur Veränderung, wenn sie der Überzeugung sind, die Bevölkerung unterstützt sie. Was meint Ihr: Wird die Bevölkerung ihr Verhalten freiwillig ändern oder braucht es letztlich Verbote?

Natascha Kastner (19)

„Vernunft" wäre in jedem Fall besser. Man müsste versuchen, die Umweltprobleme und die Zusammenhänge so zu erklären, dass sie von jedem besser verstanden werden.

Tanja Gönner

Aufklärung ist ein schwieriges Kapitel. Es setzt eine intensive Auseinandersetzung mit einem Thema voraus. Und wenn es dann um konkrete Einschränkungen geht, ist diese Bereitschaft meist nicht besonders ausgeprägt. Gerade beim Klimaschutz ist dies leider sehr gut zu beobachten. Beispiel Autokauf: In der Verkaufsstatistik finden sich PS-starke Modelle mit einem hohen Verbrauch und hohen CO_2-Ausstoß ganz oben. Dabei ist gerade der Kauf verbrauchsarmer Fahrzeuge ein Beispiel von vielen, die zeigen, dass sich umweltbewusstes Verhalten auch finanziell rechnet.

Was glaubt Ihr, wie wird sich die Arbeitswelt verändern?

Julia Schreiber (17)

Ich glaube, dass Arbeitsplätze im sozialen Bereich immer wichtiger werden. Roboter können keine Pflegearbeit erledigen. Diese Berufe werden dann auch endlich mehr anerkannt werden. Überhaupt wird Dienstleistung immer wichtiger werden, weil die Produktion ins billigere Ausland geht.

Tanja Gönner

Das wird sicherlich ein Trend sein. Damit verbunden ist die Frage, welche Produktion werden wir künftig noch im Land haben? Nehmen wir mal die Umwelttechnik: Hier sind wir in Baden-Württemberg mit sehr vielen Unternehmen und auch in der Forschung weltweit führend, zum Beispiel im Bereich der Solarenergie. Dafür brauchen wir gut ausgebildete Spezialisten. Deswegen bin ich der festen Überzeugung, dass Bildung eine ganz wichtige Ressource für uns sein muss.

Wie schätzt Ihr das Thema „Umwelt und Schule" ein?

Janick Stang (18)
Das wird eine zentrale Rolle spielen. Wenn man einem Kind von Anfang an erklärt, was es zum Beispiel mit dem Klimaschutz auf sich hat, und ihm vermittelt, dass es dabei wirklich um die eigene Zukunft geht, wenn das Kind dies von Anfang an erkennt und sein Verhalten danach ausrichtet, dann haben wir eine Chance, dass die Welt in 100 Jahren noch bewohnbar ist.

Natascha Kastner (19)
Der beste Ort für Umweltbildung ist die Schule. Wir sehen es doch hier bei uns. Wir können gemeinsam Umweltthemen erarbeiten, auf Probleme hinweisen, an Wettbewerben teilnehmen und Lösungen für unseren Bereich finden. Und wie der fachliche Stoff, wird so das früh verankerte Umweltbewusstsein später auch in das Berufsleben und damit in die Firmen getragen, wo es hoffentlich Früchte trägt.

Tanja Gönner
Ihr unterstützt mich darin, dass Umweltbildung eine politische Aufgabe bleiben muss. Wir versuchen dem mit vielen Projekten, wie Schülerwettbewerben oder Materialien für den Unterricht, Rechnung zu tragen.

Und letztlich sollen auch die prominenten Antworten dieses Buches zum 20-jährigen Bestehen des Umweltministeriums einen Beitrag dazu leisten. Ich freue mich darüber, dass ich in diesem Zusammenhang mit Euch einen Blick in die Zukunft werfen konnte. Denn darum geht es letztlich bei einer modernen Umweltpolitik.

Impressum

Umwelt und Zukunft.
Prominente Antworten

Herausgeberin:
Tanja Gönner
Umweltministerin des Landes Baden-Württemberg

Idee und Projektleitung:
Horst Neumann
Umweltministerium
Kommunikation und Öffentlichkeitsarbeit

Redaktion:
Prof. Stephan Ferdinand
Hochschule der Medien Stuttgart
ferdinand@hdm-stuttgart.de

Claus Selbmann
Umweltministerium
Kommunikation und Öffentlichkeitsarbeit
oeffentlichkeitsarbeit@um.bwl.de

Zeichnungen:
Friederike Groß, Stuttgart
friegross@web.de

Gestaltung:
B612 GmbH, Stuttgart
info@b612-design.de

Druck:
RöslerDruck GmbH, Schorndorf
info@roeslerdruck.de

1. Auflage, Juli 2007
ISBN 978-3-00-021418-9

FSC

Mix
Produktgruppe aus vorbildlich
bewirtschafteten Wäldern und
anderen kontrollierten Herkünften

Zert.-Nr. SGS-COC-003145
www.fsc.org
© 1996 Forest Stewardship Council